글로벌 부자는 글로벌 투자를 한다

글로벌 부자는 글로벌 투자를 한다

시무라 노부히코 지음

조사연 옮김

시그마북스
Sigma Books

글로벌 부자는 글로벌 투자를 한다

발행일 2024년 1월 2일 초판 1쇄 발행
지은이 시무라 노부히코
옮긴이 조사연
발행인 강학경
발행처 **시그마북스**
 Sigma Books
마케팅 정제용
에디터 양수진, 최윤정, 최연정
디자인 김문배, 강경희

등록번호 제10-965호
주소 서울특별시 영등포구 양평로 22길 21 선유도코오롱디지털타워 A402호
전자우편 sigmabooks@spress.co.kr
홈페이지 http://www.sigmabooks.co.kr
전화 (02) 2062-5288~9
팩시밀리 (02) 323-4197
ISBN 979-11-6862-191-6 (03320)

차례

PART 2
글로벌 투자의 7가지 원칙 · 기초편 ·

PART 3
글로벌 투자의 7가지 원칙 · 응용편 ·

PART 4

'자산 형성 피라미드®'로 자산 쌓기

PART 5

글로벌 투자 최강 종목 10

PART 6

글로벌 투자 방법

인플레이션에 엔저까지, 지금이야말로 '글로벌 투자' 적기

부유층을 중심으로 급증하는 국제분산 '글로벌 투자'

코로나 사태로 시작된 세계적인 금융완화 정책에 대한 반동, 서플라이체인(공급망) 문제, 러시아의 우크라이나 침공으로 시작된 에너지·식량 위기 등의 요인이 겹치면서 2022년 세계 경제에 인플레이션(인플레) 바람이 불어닥쳤다. 아울러 경기 침체 우려도 커지고 있다.

이러한 가운데 '역사는 반복된다'는 사실을 증명이라도 하듯 버블 붕괴 이후 증시 기피가 심했던 일본에서는 **다시금 '주식 투자' 붐이 불고 있다.**

인플레가 닥치면 상품과 서비스의 가격이 오른다. 그러면 전체적으로 기업의 매출이 증가하는데, 특히 비용 관리가 뛰어나거나 가격에 비용 전가가 가능한 기업은 실적 호조가 이어져 주가 상승을 기대할 수 있다.

또 주요 각국이 인플레이션 억제를 위해 실시하는 기준금리 인상도 기업 주가에 영향을 준다. 금리가 오르면 기업의 대출(차입금) 이자 비용이 증가하고, 이는 성장주 가치 산정 시 부정적 요인으로 작용해 주가 하락으로 이어질 수 있기 때문이다.

하지만 각국 중앙은행이 물가 과열을 막고 경기 둔화에 빠지지 않도록 금리를 잘 조절하면, 주가는 상승세로 돌아설 가능성이 크다. 실제로 과거 미국이 금리 인상 국면에 돌입했을 때 **미국 주식의 지표인 'S&P500종 주가 지수'와 '뉴욕 다우 평균지수'는 상승세**를 보였다.

서두부터 이야기가 조금 어려웠을지도 모르겠다. "그래서 결국 어디 주식을 사면 되나요?" 독자들의 관심사는 결국 이 부분일 텐데 말이다.

몇 년 전과 비교하면 일본도 주식 투자에 좀 더 익숙해진 것 같다. 일본 주식뿐 아니라 최근 몇 년간의 '미국 주식 붐' 덕분에 미국 주식을 운용하는 개인투자자도 꽤 많아졌다.

그러나 주식 투자 환경은 급속히 변화하는 법. 특히 '부유층'이라 불리는 적지 않은 투자자들은 이러한 변화에 재빠르게 반응하며 미국 주식, 국내 주식 중 어느 한쪽에만 치우치지 않는

국제분산(글로벌 투자) 경향을 가속화시키고 있다.

이 책이 지향하는 바는 국내 주식에만 치중하지 않고, 그렇다고 미국 주식에만 치중하지도 않는 주식 투자다. 눈을 세계로 돌려 '글로벌 주식', 즉 미국이 아닌 유럽, 인도, 남미 등에 거점을 둔 우량 글로벌 기업에 주목하는 투자다. 사실 어렵지 않다. **글로벌 주식 투자는 개인투자자도 온라인 증권 계좌를 이용하면 누구나 할 수 있다.**

물론 작금의 투자 환경에서 미국 주식을 완전히 무시하기는 어렵다. 누가 뭐래도 미국은 상장 기업 시가총액 합산 기준으로 '압도적인 세계 1위를 자랑하는 주식 강국'이기 때문이다. 따라서 이 책에서는 미국 주식에 다른 해외 주식을 더해 전 세계 주식에 폭넓게 투자하는 새로운 방식을 '글로벌 투자'라고 부르려고 한다.

'이중고'에 시달리는 일본이야말로 글로벌 투자가 필요한 나라

인플레이션 경향은 일본에서도 현저해지고 있다.

일본은 1991년 버블경제 붕괴와 함께 시작된 '잃어버린 30년' 동안 물가가 계속 하락하는 '디플레 악순환'에 빠졌다. 좋게 말하면 '생산성 향상의 결과 물건 가격이 계속 싸졌다'고 평가할 수도 있다. 일본의 디플레이션에 대한 평가를 여기서 하지는 않겠지만, 지난 30년간 일본은 상품과 서비스의 가격이 하락하고, 기업의 매출은 늘지 않고, 임금도 오르지 않고, 소비 심리는 얼어붙는 악순환에 갇혀 있었다.

그랬던 일본도 최근 '고물가'에 직면해 있다. 식료품과 에너지 등 모든 생활필수품을 수입에 의존할 수밖에 없는데, '물가 상승'과 '엔화 약세(엔저)'라는 더블 펀치 때문에 수입 비용이 증가하고 있는 것이다.

디플레이션에서 인플레이션으로의 전환은 일본 정부의 비원

(悲願)이었다. 구로다 하루히코 일본은행 총재 시절에는 물가 상

승률 2%를 목표로 인플레이션타깃팅(물가안정목표제)이라는 금융

정책을 펼치기도 했다.

그런데 최근 인플레이션과 경기 침체가 동시에 발생하는 스태

그플레이션의 그림자가 나날이 짙어지고 있다. 요컨대 기업의 실

적은 오르지 않고, 수요도 늘지 않고, 임금도 오르지 않는 '나쁜

인플레이션'의 조짐이 강해지고 있는 것이다.

따라서 '인플레'와 '엔저'라는 이중고에 시달리고 있는 일본의 개인

투자자는 반드시 글로벌 투자를 해야 한다. 이 이야기를 하고 싶어

서 앞에서 장황하게 설명을 했다.

눈앞의 '인플레이션'이나 '엔화 약세' 같은 특정 국가의 고유

한 사건에 흔들리지 않기 위해서라도, 세계 인구 동태 변화나 기

후 변동 대응 등 장기적인 관점에서 실천하는 글로벌 투자는 이

제 필수다.

부유층의 글로벌 투자를 따라 하자

이러한 상황을 재빨리 눈치채고 글로벌 투자에 속도를 내는 사람들이 있다. 바로 '신흥 부유층'이다. 부유층을 정의하는 말은 여러 가지가 있겠지만, 이 책에서는 보유 순금융자산이 **100만 달러 이상인 사람**이라고 정의한다.

글로벌 투자은행 크레디트스위스의 '글로벌 웰스 리포트 2021'에 따르면, 2020년에 보유 순금융자산 100만 달러가 넘는 사람의 수는 미국이 세계 1위로 2,200만 명에 달했다. 이는 전 세계의 39.1%를 차지한다. **2위는 중국으로 전 세계의 9.4%였고 3위는 일본으로 6.6%**였다. 일본은 세계에서 세 번째로 부자가 많은 나라라는 의미다. 일본의 민간 경제연구소인 노무라종합연구소가 발표한 자료에 의하면, 순금융자산 1억 엔이 넘는 부유층은 약 133만 가구다.

특히 내가 교류하는 일본의 '신흥 부유층' 중에는, 20~40대에 창업 등으로 성공해 자산을 축적한 뒤 40대 이후에는 경제적 안정(Financial Independence)과 빠른 은퇴(Retire Early)를 추구하는 FIRE족이 많다. 이들에게 글로벌 투자는 상식이다.

이렇게 말하면 '글로벌 투자는 부자들이나 하는 것이지 나랑은 관계없다'고 생각할지 모른다.

그러나 글로벌 투자는 부유층만의 전유물이 아니다. 회사원이나 공무원, 개인사업자 등 본업을 가진 겸업 개인투자자도 충분히 실천 가능한 투자다.

오히려 국제분산투자를 통한 글로벌 투자는 '인플레'와 '엔저'라는 더블 펀치로부터 가정 경제를 지키고 자산 증식을 하기 위해서라도 많은 이들이 반드시 해야 하는 투자법이다.

최근 일본에서는 SBI증권이나 라쿠텐증권 등의 온라인 증권사를 통해 미국 주식을 운용하는 개인투자자가 급증하고 있다. 사실 미국 외 다른 나라에 거점을 둔 대부분의 글로벌 주식도 ADR(미국예탁증권) 시장에 상장돼 있기 때문에 온라인 증권사를 통하면 글로벌 주식도 미국 주식과 마찬가지로 간단히 거래할 수 있다. 온라인 증권뿐 아니라 장외에서 주식을 매매하는 증권회사에서도 글로벌 주식 거래가 가능하다.

참고로 ADR이란, 미국이 아닌 다른 나라에서 설립한 기업의 발행 주식을 담보로 미국에서 발행한 유가증권을 말한다. **ADR 자체가 주식은 아니지만, 투자자는 주식을 보유한 것과 똑같은 권리를 갖게 된다.**

또 글로벌 주식은 미국 주식과 마찬가지로 기본적으로 1주부터 살 수 있다. 가령 내가 추천하는 주식 중에 네덜란드를 거점으로 활동하는 에어버스(EADSY)가 있는데 이 회사의 주가는 1주에 22달러 정도이고, 독일의 뮌헨재보험(MURGY)은 1주에 24달러 정도다(모두 본서 집필 시점). 1주에 4,000엔 미만이라서 사람에 따라서는 술값 한 번 정도의 금액만 있으면 부담 없이 투자할 수 있다.

일본 가구 중 순금융자산 1억 엔 이상의 부유층 규모
'333조 엔·133만 가구'(2019년)

계층 분류
(가구의 순금융자산 보유액)

초(超)부유층
(5억 엔 이상)

97조 엔
(8.7만 가구)

부유층
(1억 엔 이상 5억 엔 미만)

236조 엔
(124만 가구)

준(準)부유층
(5000만 엔 이상 1억 엔 미만)

255조 엔
(341.8만 가구)

어퍼매스(uppermass)층
(3000만 엔 이상 5000만 엔 미만)

310조 엔
(712.1만 가구)

매스(mass)층
(3000만 엔 미만)

656조 엔
(4215.7만 가구)

※ 일본의 국세청 '국세청통계연보', 총무성 '전국소비실태조사', 후생노동성 '인구동태조사', 국립사회보장·인구문제연구소 '미래의 일본 가구수 추산', 도쿄증권거래소 'TOPIX' 및 'NRI(노무라종합연구소) 생활자 1만 명 설문조사(금융편)', 'NRI 부유층 설문조사' 등을 참고해 노무라종합연구소가 추산

신흥 부유층이 선택한 글로벌 투자

여기서 간단히 자기소개를 하겠다.

나는 1997년부터 금융업계에 몸담고 있다. 처음에는 대형 투자기관에서 시장 거래 오퍼레이션과 시장 시스템 설계를 관리하다가, 대형 자산운용사로 옮긴 뒤에는 일본 국내외 연금 및 투자 신탁 대상의 글로벌 주식, 외환 트레이딩을 담당하는 등 도쿄와 런던에서 펀드매니저로 활동하며 글로벌 주식 펀드의 액티브 운용을 해왔다. 경력을 통해 알 수 있듯이 **국제분산투자를 위한 글로벌 주식 거래에 오랫동안 관여해왔다.**

그 후 2013년 독립해서 부유층을 비롯한 개인투자자의 글로벌 투자, 기업 IR 지원 활동을 전개하고 있다. 또 한편으로는 세계 최대 투자 클럽인 옥스퍼드클럽재팬의 수석 전략가로 활동하고 있다.

이러한 경위가 있기에 나는 한창 성장 중인 부유층의 글로벌 투자를 도울 기회가 많았다. 이 경험을 살려 부유층이 실천 중인 글로벌 투자 기법을 일반인들에게도 널리 알리고 싶다는 마음에 이 책을 집필하게 됐다.

나는 말레이시아에 회사를 설립하고 현재는 일본과 말레이시아 두 거점을 오가며 생활하고 있다. 말레이시아에 회사를 설립한 이유는 규제가 많은 일본보다 비즈니스 투자 환경이 더 좋다고 판단했기 때문이다.

일본의 신흥 부유층 중에도 '일본은 음식이 맛있고 안전하고 청결한 살기 좋은 나라'라고 생각은 하지만, 동시에 답답함을 느끼는 사람도 적지 않다. 일본은 촌락사회인 데다가 보수적인 면이 많아서 타인에게 맞추길 강요하는 동조 압력이 강하다. '모난 돌이 정 맞는 사회' 같은 면이 분명 있다.

사회 분위기가 이러하다 보니 창업 등으로 부를 축적한 신흥 부유층 중에는 믿던 사람에게 배신을 당하는 등 쓰라린 경험을 한 사람도 많다. 이러한 부유층들은 자산 운용에서도 과감히 일본에 마침표를 찍고 주 무대를 해외로 옮기는 글로벌 투자의 필요성을 강하게 느끼고 있는 듯하다.

2010년대 초반에는 일본의 교육 제도나 세금 제도 등에 의문을 품은 부유층이 싱가포르 등으로 해외 이주를 서두르는 움직임이 현저했다. 언론도 **'부유층이 일본 탈출을 고려하고 있다'**며 떠들썩하게 보도하곤 했다. 그 후 전 세계적으로 부유층을 자국으로 끌어들이려는 움직임이 강해졌는데 주된 목적은 세수 확보였다.

일본에서도 2014년부터 '국외재산조서제도'가 시작돼, 5,000만 엔을 넘는 해외 재산을 소유한 개인은 의무적으로 재산 내역을 제출하도록 정책이 바뀌었다. 2019년 데이터에 따르면 제출 건수는 1만 652건(총 재산액 4조 2,554억 엔)에 달한다.

게다가 2017년에는 부유층의 투자 활동 정보를 파악하기 위해 일본 국세청에 **'중점관리 부유층 프로젝트팀'이 설치됐다.** 그 결과 대다수의 부유층은 자신의 의지와 상관없이 일본에 머물러야 하는 처지가 됐다. 이들 중 상당수는 물리적으로는 일본에 계속 머물러 있지만, 자산 운용에 있어서는 향후 글로벌 투자 비중이 더 커질 것으로 보인다.

부유층이 아닌 개인투자자들도 자기 나라에 살며 맛있는 자국 음식을 즐기되 자산 운용만은 글로벌화를 추진하면 효율적으로 자산을 늘릴 수 있다.

　세계 표준의 글로벌 투자를 해설한 이 책이 인플레이션이나 환율 같은 변수에 흔들리지 않고 여러분이 자산을 형성하는 데 도움이 된다면 저자로서 이보다 더 기쁜 일은 없을 듯하다.

PART 1

'신흥 부유층'은 왜 글로벌 투자에 주목할까?

1980년대 글로벌 투자가 활발했던 미국

정도의 차이야 있겠지만, 누구나 자신이 태어나고 자란 모국을 특별하게 생각한다. 이러한 경향은 투자에도 그대로 나타나서 **'홈컨트리 바이어스**(모국 시장에 투자가 편중되는 경향)**'**라 부르기도 한다.

홈컨트리 바이어스는 '행동경제학'의 개념인데, 모국이 아닌 다른 나라 시장 투자에 지나치게 신중한 나머지 투자가 모국(홈컨트리) 시장에 편중되는 경향을 가리킨다.

자산 운용은 금융상품의 특성과 위험을 잘 이해한 후에 하는 것이 철칙이다. 그런 점에서 볼 때 매일 생활하는 자국에 투자하는 편이 더 익숙하기도 하고 상품의 특성과 위험을 이해하기도 쉬운 만큼, 홈컨트리 바이어스 경향은 지극히 자연스러운 현상이다.

일본보다 주식 투자에 훨씬 적극적인 미국에도(일본은행이 발표한 '자금순환통계'에 따르면, 일본인이 개인 금융 자산 중 주식 등에 투자하는 비중은 10%에 불과하지만, 미국은 37.8%에 달한다) 홈컨트리 바이어스는 존재한다. '아메리카 애즈 넘버원(America as Number One)'이라고 믿는 사람이 적지 않은 것이다.

그러나 이런 미국에서도 자국 주식에서 글로벌 주식으로 이행하는 큰 트렌드 변화가 일고 있다. 오랫동안 알고 지낸 지인 가운데 유능한 미국인 애널리스트가 있는데, 그가 2021년 말에 "지금 미국 주식이 아닌 다른 나라 글로벌 주식에 투자하는 비율을 늘리고 있다"라고 말한 적이 있다.

여기서 잠깐 글로벌 투자의 역사를 톺아보자.

미국에서 글로벌 투자가 꽃핀 때는 로널드 레이건 대통령 시절, 즉 미국이 '쌍둥이 적자'에 허덕이던 1980년대다. 쌍둥이 적자란 '경상수지(무역수지)'와 '재정수지' 적자가 공존하는 상태를 말하는데, 당시 레이건 정부의 경제 정책이었던 '레이거노믹스'가 강조한 대규모 감세, 그리고 소련(당시)과의 냉전으로 인한 군사비 증가 등이 그 원인으로 꼽힌다.

쌍둥이 적자가 발생하면 재정 적자를 메꾸기 위해 정부는 고금리 정책을 펼쳐 해외 자본 유입을 유도하고 대외적으로 대규모 국채를 발행한다. 그러면 '달러 강세'로 바뀌면서 미국 국내 산업이 국제 경쟁력을 잃고, 수출 감소와 수입 증가로 경상수지 적자가 악화하는 악순환에 빠진다. 이를 해결하고자 미국은 1985년 '플라자합의'를 주도해 '달러화 약세'를 유도했으나, 이듬해인 1986년 대외 자산이 대외 채무를 밑돌면서 미국은 순채무국으로 전락했다.

쌍둥이 적자가 엄습하자 미국은 경제 후퇴라는 위험을 안게 됐다. 그러자 자산을 지키기 위해 개인투자자들 사이에서도 미국 주식 하나에만 집중하는 자산 운용 방식에서 벗어나 글로벌 주식을 포함한 국제분산투자 쪽으로 시선을 돌리는 사람이 많아졌다.

이후 미국은 전 세계의 그 어느 나라보다 빨리 인터넷을 적극 활용한 IT화와 글로벌화에 성공했다. 버블 붕괴 후 내리막길을 걸으며 쇠퇴를 거듭하는 일본 따위 안중에도 없다는 듯, 미국은 제2차 세계대전 이후 가장 오랜 기간인 1991년 3월부터 9년 남짓한 기간 동안 경제성장을 계속하며 '인플레 없는 성장'을 실현했다.

여전히 쌍둥이 적자를 안고 있지만, 미국은 높은 경제성장률을 앞세우며 세계 유일의 초강대국 지위를 확립했다. 이러한 번영을 거쳐 2000년대에 들어서자 일시적으로 글로벌 투자는 사람들의 기억에서 잊혔다.

미국 주식보다 글로벌 주식을 선택하는 이유

최근 다시 미국에서 글로벌 투자가 주목받는 배경에는 두 가지 커다란 요인이 있다.

첫 번째 요인은, <mark>오랫동안 상승세가 지속된 미국 주식은 대체로 실력에 비해 거품이 많이 낀 상태라서 머지않아 거품이 꺼지고 폭락할 것이라는 우려가 커지고 있다는 점</mark>이다. 실제로 2022년 4월, 주식 시장 지표인 'S&P500'과 '나스닥 종합지수' 모두 연초 이래 최저가를 경신하는 등 주가가 하락했다.

약 500개 기업 주식으로 구성된 S&P500은 시가총액 기준 미국 주식의 80% 정도를 차지한다. 나스닥 종합지수는 미국 나스닥증권거래소에 상장된 3,000개가 넘는 전 종목이 대상이며 첨단 기술 관련주가 중심을 이룬다. 그중에서도 초대형 첨단 기술 기업인 GAFAM(구글 지주회사 알파벳[GOOG], 애플[AAPL], 페이스북=현재 메타[FB], 아마존[AMZN], 마이크로소프트[MSFT])이 시가총액의 큰 비중을 차지하고 있다.

이 하락이 일시적인 조정인지, 아니면 본격적인 폭락을 향한 서장인지 이 책 집필 시점에서는 알 수 없다. 하지만 **미국 증시 과열을 경계하는 투자자가 늘면서 글로벌 주식에 대한 관심이 커지고** 있는 것은 사실이다.

미국 주식에서 글로벌 주식으로의 이동이 거세진 또 한 가지 이유는, 미국의 금융 정책 전환이다. 미국의 중앙은행에 해당하는 FRB(연방준비제도이사회)는 코로나 사태를 계기로 금융완화를 계속해왔지만, 인플레이션 우려 등을 이유로 전 세계에서 가장 먼저 '금융긴축'으로 정책을 변경했다.

2022년 현재 미국은 장기금리를 인상하고, 보유 국채 등의 금융 자산을 단계적으로 축소하는 양적완화 축소(테이퍼링)를 진행 중이다. 2022년 6월에는 1994년 11월 이후 처음으로 **0.75%라는 대폭적인 기준금리 인상을 결정**했다. 그리고 한 달 후인 7월과 같은 해 9월에도 0.75%의 금리 인상을 단행해 큰 화제가 됐다.

'프롤로그'에서도 다뤘듯 과거에는 금리 상승 국면에서 미국의 주가가 상승했지만, 그때와 달리 이번에는 대폭적인 인플레이션이 가라앉지 않고 경기 침체로 이어지면 미국 주가가 하락할 가능성도 있다.

이 밖에 러시아의 우크라이나 침공 장기화 우려, 코로나 감염 봉쇄를 위한 중국의 방역 정책 '제로 코로나 정책'이 야기한 세계 경제 둔화 우려 등도 미국 주식에만 집중돼 있던 투자자의 눈이 세계로 향하는 요인이 됐다.

일본이라는 나라의
지반 침하가 멈추지 않는다

미국인이 자국 주식이 아닌 다른 나라 주식에 투자한다면 과연 어느 나라 주식을 고를까? 세계 3위 경제대국인 일본 주식에 투자하는 것도 고려해볼 만하지 않을까? 그런데 글로벌 주식 투자를 하는 미국인의 투자 대상 리스트에는 예전처럼 일본 주식이 없다. 도대체 왜일까? 그 이유를 알아보자.

앞서 설명한 '홈컨트리 바이어스'는 미국인뿐 아니라 어느 나라 사람에게나 보편적으로 나타나는 성향이다. 일본은 섬나라라서 그런지 아니면 언어의 벽 때문인지, 특히 이러한 경향이 강하다. 일본 주식을 사고 국내 부동산을 소유하는 등 엔화로 자산을 보유하는 비율이 높았다.

그런데 최근 이러한 흐름에 변화가 생기기 시작했다. 그중에서도 이 책의 주제인 주식 투자 분야에서의 변화가 두드러진다. 특히 상당수의 '신흥 부유층'은 일본 주식 투자는 적당히 하고, 글로벌 주식에 국제분산투자를 하는 쪽으로 무게중심을 옮기고 있다.

이러한 현상의 배경에는 일본의 '국력 저하'가 있다. 1980년대 버블경제가 한창일 무렵 일본은 전 세계로부터 '재팬 애즈 넘버 원'이라 칭송받았고, 일본인 역시 미국에 버금가는 '세계 2위의 경제대국'임을 자랑스러워했다.

이러한 사실을 뒷받침하듯 버블이 최고조에 달한 1989년에는 세계 기업 시가총액 순위 10위 안에 일본 기업이 7개사나 올랐었다(1위는 일본전신전화[NTT, 9432]). 그러나 2022년에는 10위권 안에 한 개 기업도 들어가지 못했고 일본 기업 중에서 가장 높은 순위를 차지한 도요타자동차(7203)가 겨우 31위에 이름을 올려 체면을 유지했다(다음에 나올 표 참고).

1991년 버블경제 붕괴 이후 이어진 '잃어버린 30년'을 지나며 일본의 국제적 위상은 하락을 멈추지 않고 있다.

현재 GDP(국내총생산)는 중국에 추월당해 세계 3위로 밀려났으며, 2012년부터 2021년까지 10년간 일본의 GDP는 1.1배밖에 성장하지 못했다. 1인당 GDP 역시 주요 7개국(G7) 가운데 최하위

자리를 두고 이탈리아와 다투고 있다.

또 일본의 임금 수준은 버블 붕괴 이후 약 30년간 거의 제자리걸음이다. OECD(경제협력개발기구)에 따르면, 2020년 일본의 평균 임금은 1990년과 비교해 겨우 4%밖에 오르지 않았다. 그동안 한국, 영국, 프랑스, 스웨덴, 아일랜드 등에 추월당해 34개국 중 24위까지 후퇴했다.

세계 경쟁력 순위에서도 한때는 세계 1위를 차지한 적도 있었지만, 지금은 63개국·지역 중 2020년과 동일하게 과거 최하위인 34위까지 떨어졌고, 아시아 국가끼리만 경쟁해도 10위다(스위스의 명문 경영대학원 IMD[국제경영개발연구소]가 발표한 데이터에서 인용).

향후 급속도로 진행되는 저출산·고령화에 따른 인구 감소 역시 국력 쇠퇴를 한층 부추길 우려가 있다.

2050년을 전후해 일본 인구는 1억 명 아래로 감소하리라 예상된다. 2020년에는 7,400만 명을 넘었던 15~64세 생산연령인구가 2040년에는 6,000만 명에 불과할 것이라는 전망도 있다. 노동 인구가 줄면 GDP도 서서히 감소하는 만큼 **과연 일본에 장밋빛 미래가 있을지 의문스러울 정도다.**

2022년에 방영된 NHK의 SF TV드라마 〈17살의 제국〉은 세계

세계 시가총액 순위 Top50(1989년)

순위	기업명	시가총액 (억 달러)	업종	국가명	순위	기업명	시가총액 (억 달러)	업종	국가명
1	일본전신전화	1638.6	IT·통신	일본	26	닛산자동차	269.8	일반 소비재	일본
2	일본흥업은행	715.9	금융	일본	27	미쓰비시중공업	266.5	공업	일본
3	스미토모은행	695.9	금융	일본	28	듀폰	260.8	원자재·소재	미국
4	후지은행	670.8	금융	일본	29	제너럴모터스	252.5	일반 소비재	미국
5	제일권업은행	660.9	금융	일본	30	미쓰비시신탁은행	246.7	금융	일본
6	IBM	646.5	IT·통신	미국	31	BT그룹	242.9	IT·통신	영국
7	미쓰비시은행	592.7	금융	일본	32	벨사우스	241.7	IT·통신	미국
8	엑슨	549.2	에너지	미국	33	BP	241.5	에너지	영국
9	도쿄전력	544.6	에너지	일본	34	포드모터	239.3	일반 소비재	미국
10	로열더치셸	543.6	에너지	영국	35	아모코	229.3	에너지	미국
11	도요타자동차	541.7	일반 소비재	일본	36	도쿄은행	224.6	금융	일본
12	제너럴일렉트릭	493.6	공업	미국	37	주부전력	219.7	에너지	일본
13	산와은행	492.9	금융	일본	38	스미토모신탁은행	218.7	금융	일본
14	노무라증권	444.4	금융	일본	39	코카콜라	215.0	일반 소비재	미국
15	신일본제철	414.8	공업	일본	40	월마트	214.9	서비스	미국
16	AT&T	381.2	IT·통신	미국	41	미쓰비시지소	214.5	부동산	일본
17	히타치제작소	358.2	IT·통신	일본	42	가와사키제철	213.0	공업	일본
18	마쓰시타전기	357.0	일반 소비재	일본	43	모빌	211.5	에너지	미국
19	필립모리스	321.4	일반 소비재	미국	44	도쿄가스	211.3	에너지	일본
20	도시바	309.1	IT·통신	일본	45	도쿄해상화재보험	209.1	금융	일본
21	간사이전력	308.9	에너지	일본	46	NHK	201.5	서비스	일본
22	일본장기신용은행	308.5	금융	일본	47	ALCO	196.3	원자재·소재	미국
23	도카이은행	305.4	금융	일본	48	일본전기	196.1	IT·통신	일본
24	미쓰이은행	296.9	금융	일본	49	다이와증권	191.1	금융	일본
25	머크	275.2	의료관련	독일	50	아사히유리	190.5	원자재·소재	일본

주1: 1989년의 데이터는 다이아몬드사의 데이터(https://diamond.jp/articles/-/177641?page=2) 참조
주2: 2022년의 데이터는 Wright Inmestors' Service, Inc의 데이터(https://www.corporateinformation.com/Top-100.aspx?topcase=b#/ tophundred) 참조(2022년 1월 14일 시점)

세계 시가총액 순위 Top50(2022년)

순위	기업명	시가총액 (억 달러)	업종	국가명	순위	기업명	시가총액 (억 달러)	업종	국가명
1	애플	28,281.9	IT·통신	미국	26	로슈	3,535.1	의료관련	스위스
2	마이크로소프트	23,584.4	IT·통신	미국	27	ASML	3,174.8	에너지	네덜란드
3	사우디아람코	18,868.9	에너지	사우디아라비아	28	화이자	3,126.4	의료관련	미국
4	알파벳	18,214.5	IT·통신	미국	29	엑슨모빌	2,916.0	에너지	미국
5	아마존닷컴	16,352.9	서비스	미국	30	월트디즈니	2,810.9	서비스	미국
6	테슬라	10,310.6	일반 소비재	미국	31	도요타자동차	2,807.5	일반 소비재	일본
7	메타	9,266.8	IT·통신	미국	32	중국공상은행	2,673.0	금융	중국
8	버크셔해서웨이	7,146.8	금융	미국	33	로레알	2,618.8	일반 소비재	프랑스
9	엔비디아	6,817.1	IT·통신	미국	34	코카콜라	2,605.6	일반 소비재	미국
10	타이완반도체매뉴팩처링	5,945.8	IT·통신	대만	35	시스코시스템즈	2,577.8	IT·통신	미국
11	텐센트홀딩스	5,465.0	IT·통신	중국	36	브로드컴	2,557.0	IT·통신	미국
12	JP모건체이스	4,940.0	금융	미국	37	나이키	2,484.8	일반 소비재	미국
13	비자	4,587.8	금융	미국	38	일라이릴리	2,482.3	의료관련	미국
14	존슨앤존슨	4,579.2	일반 소비재	미국	39	어도비	2,429.9	IT·통신	미국
15	삼성전자	4,472.9	IT·통신	한국	40	중국건설은행	2,425.1	금융	중국
16	유나이티드헬스	4,320.0	금융	미국	41	셰브론	2,410.1	에너지	미국
17	LVMH	4,134.3	일반 소비재	프랑스	42	펩시코	2,407.5	일반 소비재	미국
18	홈디포	4,117.1	서비스	미국	43	애보트래보라토리	2,397.0	의료관련	미국
19	뱅크오브아메리카	4,053.0	금융	미국	44	넷플릭스	2,396.6	서비스	미국
20	월마트	4,025.0	서비스	미국	45	써모피셔사이언티픽	2,392.1	의료관련	미국
21	프록터앤드갬블	3,938.2	일반 소비재	미국	46	애브비	2,384.4	의료관련	미국
22	귀주모태주	3,835.0	일반 소비재	중국	47	코스트코	2,377.6	서비스	미국
23	네슬레	3,762.6	일반 소비재	스위스	48	액센츄어	2,345.3	서비스	아일랜드
24	마스터카드	3,637.3	금융	미국	49	오라클	2,337.3	IT·통신	미국
25	알리바바	3,589.0	IT·통신	중국	50	노보노디스크	2,323.8	의료관련	덴마크

주3: 업종은 일본 경제산업성의 업종분류표(https://www.meti.go.jp/statistics/tyo/kaigaizi/result/pdf/bunrui_48.pdf)를 바탕으로 STARTUP DB의 독자적인 정의에 따라 책정

주4: 국가명은 등기상 소재국을 기재

'세계 경쟁력 순위' 속 일본 순위

일본은 지난 30년간 30위대까지 하락…

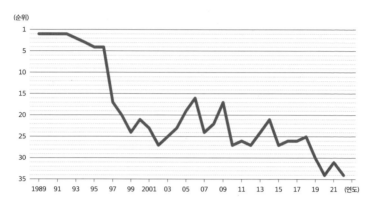

출처: IMD(국제경영개발연구소) 세계 경쟁력 순위

세계 GDP(국내총생산) 순위(2022년)

순위	국명	단위(100만 달러)
1위	미국	25,346,805
2위	중국	19,911,593
3위	**일본**	**4,912,147**
4위	독일	4,256,540
5위	인도	3,534,743
6위	영국	3,376,003
7위	프랑스	2,936,702
8위	캐나다	2,221,218
9위	이탈리아	2,058,330
10위	브라질	1,833,274

출처: IMF(국제통화기금) 발표 자료에 기초해 작성

로부터 '선셋 재팬'이라는 사양국 낙인이 찍히고 G7에서도 제외된 일본의 근미래를 그려 큰 반향을 불러일으켰다. 드라마 속 세계가 현실이 될 날은 의외로 얼마 남지 않았을지도 모른다.

이제 일본 주식은 '신흥국 주식'

이 책에서 말하는 투자는 단기매매(트레이딩)가 아닌 긴 안목의 중장기 보유를 전제로 한다. 일본의 국력 저하는 일본 주식을 중장기 보유하려는 투자자가 전 세계적으로 감소했다는 사실에서도 극명히 드러난다.

오랫동안 글로벌 주식 거래를 해온 나도 일본인인지라 홈컨트리 바이어스 경향이 다소 있다. 그래서 글로벌화하는 세계 경제 속에서 존재감을 높이고 국제적으로 높은 평가를 받으며 주가가 승승장구하는 일본 주식을 발굴하려고 애쓰지만, 솔직히 장기적 자산 형성이라는 관점에서 자신 있게 추천할 만한 일본 주식을 꼽기란 쉽지 않다. 장기적 시점에서 볼 때 지금 일본 주식을 사야 하는 지수에 근거한 이유를 알고 있는 사람이 있다면 가르쳐달라고 하고 싶은 정도다. 하물며 지난 2020년에는 GAFAM 5개사의 총

시가총액이 도쿄증권거래소 1부(당시)에 상장된 2,170개사 전체의 시가총액보다 많았던 적도 있었다.

그럼, 전체적인 주가 추이를 살펴보기 위해 미국의 S&P500·나스닥 종합지수와 일본의 닛케이 평균주가를 비교해보자.

닛케이 평균주가는 2012년 아베노믹스 이후 상승세로 돌아섰지만, 아직도 버블기 최고점(3만 8,957엔)을 한 번도 갱신하지 못했다. 이와 달리 미국 주식은 2009년 리먼 사태 당시의 하락세를 극복하고 최고치를 경신하고 있다. 다음에 나오는 세 그래프를 보자. '버블 붕괴 후, 1992년 최저치 이후의 주가 성장', '리먼 사태 발발 이후의 주가 성장', '코로나 사태 발생 이후의 주가 성장'. 모든 그래프에서 미국 주식과 대조적으로 일본 주식의 저조함이 눈에 띈다.

주식 투자 세계에서 **이제 일본 주식은 신흥국 주식과 비슷한 취급**을 받고 있다. 일본 개인투자자 대부분이 한국 주식이나 뉴질랜드 주식에 관심을 갖지 않듯이, 세계 투자자 대부분은 일본 주식에 관심이 없다고 해도 과언이 아니다. 물론 도쿄증권거래소 상장사 중에는 외국인 주식 보유율이 50%를 넘는 기업도 50개사 가까이 있지만(2022년 9월 시점), 그래도 일본 시장 이탈은 부정할 수 없다. 미국의 글로벌 주식 투자가 활발해졌다고는 하나, 향

1992년 8월 18일을 100으로 했을 때 일본 주가 성장 추이

━━ S&P500지수　　**━━** 나스닥 종합지수　　**━━** 닛케이 평균주가　　**┄┄** S&P500

버블 붕괴 후, 1992년 최저치 이후의 주가 성장(1992~2007년)

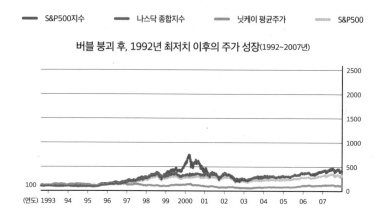

리먼 사태 발발 이후의 주가 성장(2008~2019년)

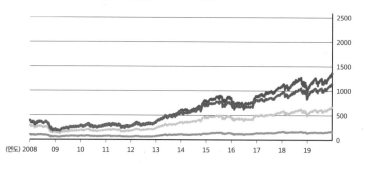

코로나 사태 발생 이후의 주가 성장(2020~2022년)

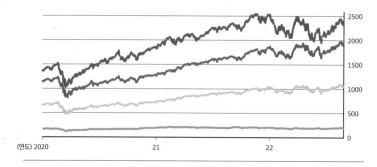

후 성장에 기대를 걸고 일본 주식에 투자하려는 투자자가 얼마나 있을지 의문이다.

이러한 심각한 현실을 단적으로 보여주는 자료가 다수의 기관투자자들이 국제분산투자 결정 시 벤치마크(운용 지수)로 삼는 **MSCI(모건스탠리캐피털인터내셔널)의 지수 구성 종목** 변화다. 20여 년 전만해도 일본 주식이 시가총액 전체의 10% 정도를 차지했는데, 현재는 6% 정도까지 떨어졌다. 일본 기업의 시가총액 증가는 다른 나라에 비해 느린 편이라서 지수 내 구성 비율도 해마다 낮아지고 있다. 게다가 매년 일본 유명 기업이 종목에서 제외되고 있다. 최근 몇 년간 MSCI에서 제외된 일본 종목만 보더라도 다음과 같다. 일본에서의 자금 유출이 우려되는 부분이다.

2020년	가와사키중공업(7012), 니콘(7731), 미쓰비시자동차공업(7211), 세븐은행(8410), J-POWER(전원개발주식회사, 9513) 등이 제외
2021년	주고쿠전력(9504), 규슈전력(9508), 신세이은행(8303), 규슈여객철도(9142), 테이진(3401), 도큐부동산홀딩스(3289), 이온몰(8905) 등이 제외
2022년 5월	베네핏원(2412), 히노자동차(7205), 료힌케이카쿠(양품계획, 7453), 메루카리(4385), 로손(2651), 코스모스약품(3349) 등 22개 종목 제외, 신규 편입 0(제외 초과 수 세계 최다)

이처럼 일본인에게 익숙한 종목이 가차 없이 제외되고 있다. 매년 제외 종목이 늘면서 해외 기관투자자들은 일본 주식에서 글로벌 주식이나 미국 주식으로 자금을 옮기고 있다.

"글로벌 주식이나 미국 주식은 잘 모르겠다. 익숙한 일본 주식에 투자하고 싶다"라고 말하는 사람도 있다. 그러나 익숙하다는 그 일본 주식은 향후 중장기적으로 볼 때 과연 오를 가능성이 있는 종목일까? 일본 주식 말고는 잘 모른다는 사람도, 매일 사용하는 스마트폰은 미국 애플(AAPL)의 아이폰이거나, 취미인 조깅을 할 때 신는 신발은 미국 나이키(NKE)의 에어맥스이거나 하지 않은가? 또 업무상 일본산 노트북을 사용하는 사람이 있다면, 아마 그 노트북의 심장부인 CPU나 OS는 해외산일 가능성이 크다. 코로나 사태 때 접종한 백신 역시 미국 화이자(PFE)와 독일 바이오엔테크(BNTX)가 제조한 제품과 미국 모더나(MRNA)가 만든 제품이 대부분이었다. 국내외 여행 시 이용하는 여객기도 해외산(대부분은 유럽의 에어버스[EADSY]나 미국의 보잉[BA])이다.

우리는 '몰라, 나랑은 아무 인연도 없어'라는 착각 속에 살고 있을 뿐, 사실은 알게 모르게 글로벌 기업이나 미국 기업의 상품 또는 서비스를 일상적으로 사용하고 있는 셈이다. 그리고 후술하겠지만 마음만 먹으면 글로벌 주식 정보는 자국어로도 충분히 모

1조 엔이 넘는 일본 주식 유출

MSCI(모건스탠리캐피털인터내셔널) 지수 구성 종목에서 제외된 일본 주식

2020년 11월	2021년 5월	2021년 11월	2022년 5월
아오조라은행	이온몰	에이비씨마트	베네핏원
쇼와전공	에어워터	아코무	코스모스약품
스미토모중기계공업	알프레사HD	카시오계산기	히노자동차
미쓰코시이세탄HD	아마다	하모닉드라이브시스템즈	간사이페인트
일본프라임리얼티투자법인	교토은행	히사미쓰제약	로손
닛키HD	가루비	나브테스코	라이온
가와사키중공업	주고쿠전력	일본햄	메디팔HD
미쓰비시메터리얼	코카콜라보틀러즈재팬HD	일본정공	메루카리
메부키FG	후쿠오카FG	펩티드림	미쓰비시가스화학
니콘	일본공항빌딩	비전	미우라공업
다이셀	게이한HD	THK	오릭스부동산투자법인
J-POWER	게이힌급행전철	동방가스	폴라오르비스HD
가미구미	쿠라레	도호쿠전력	린나이
베넷세HD	규슈전력	유나이티드어반투자법인	료힌케이가쿠
파크24	규슈여객철도	야마다HD	산텐제약
요코하마고무	마루이그룹		종합경비보장
스미토모고무공업	나고야철도		스탠리전기
제이텍트	일본특수도업		스미토모파마
마루이치강관	세가사미HD		다이쇼제약HD
세븐은행	세이부HD		도쿄센츄리
미쓰비시자동차공업	시마무라		도요수산
	신세이은행		쓰루하HD
	선드러그		
	스즈켄		
	태평양시멘트		
	테이진		
	도큐부동산HD		
	도요다합성		
	야마자키제빵		

2020년 11월
21개 종목 제외
추정 유출액
약 **1530억** 엔

신규 편입 5개사

2021년 5월
29개 종목 제외
추정 유출액
약 **5900억** 엔

신규 편입 0개사

2021년 11월
15개 종목 제외
추정 유출액
약 **2200억** 엔

신규 편입 2개사

2022년 5월
22개 종목 제외
추정 유출액
약 **1000억** 엔

신규 편입 0개사

추정 유출액 합계
약 **1조 630억** 엔

※ HD는 홀딩스, FG는 파이낸셜그룹의 약어

을 수 있다.

　물론 국내 주식을 일절 사지 말라는 얘기는 아니다. 국내 기업 중에도 글로벌 무대에서 활약하면서 잠재적 성장성을 내포한, 폭발적인 실적 확대와 주가 상승 여지가 있는 종목도 있다. 국내 주식의 탈을 쓴 이러한 글로벌 주식을 발견할 수 있다면 이 또한 주식 투자의 묘미라 할 수 있다. 그러나 시야를 더 넓혀 해외로 눈을 돌리면, 글로벌 시장에는 더 큰 성장성과 더 큰 주가 상승 여지가 있는 유망 종목이 훨씬 많다.

역동적인 미국 시장의 혜택을 받는 글로벌 주식

투자자들의 뜨거운 관심을 받는 글로벌 기업은 미국 시장에서 도 승승장구하며 미국 시장의 역동성이 가져다주는 혜택을 가 장 많이 누리고 있다.

전 세계 주식 시장 중에서도 미국 시장은 특히 역동적이고 기 업 신진대사가 활발하다. 예를 들어 '철은 국가'라고 여겨지던 시 절, US스틸(X)은 뉴욕 다우 평균지수의 대표 종목이었다. 하지만 지금은 투자자의 관심에서 멀어진 지 오래다. 다우 평균주가를 구성하는 종목은 시시각각 변하기 때문이다.

정치와 경제는 끊으려야 끊을 수 없는 관계인데, 개인적으로 미국 시장의 역동성은 대통령제에서 비롯된 측면이 큰 듯하다. 미국 대통령에게 요구되는 자질은 한마디로, '경제를 성장시키고 고용을 늘려 국가를 성장으로 이끄는 스토리를 그리는 것'이다. 강력한 성장 스토리를 명확히 그리고 실현해줄 '듬직한 리더'가 대통령으로 뽑히고 4년이나 8년(1기 4년이며 2기까지 연임 가능) 주기로 교체된다. 대통령이 바뀔 때마다 기득 권익이 일소될 뿐 아니라 경쟁을 부추기는 비즈니스 환경이 조성된다. 그리고 비즈니스 환경 변화에 유연하게 대응하지 못한 기업은 자연스레 시장에서 사라지고 새로운 아이디어를 가진 기업이 그 자리를 대신한다.

미국과는 대조적으로 일본은 전후 기득권이 여전히 권력의 중심에 있다. 그래서 총리가 바뀌어도 아무것도 달라지지 않는다. 비즈니스 환경도 보수적이어서 좀처럼 새로운 경쟁 상대가 나타나지 않으니 지방의 유력 기업은 언제까지고 유력 기업이다. 원래는 시장에서 사라져야 마땅한 생산성 낮은 구태의연한 기업이 계속 시장에 눌러앉아 있기도 한다.

그러나 이 상태가 계속된다면 세계의 투자자가 주목할 만한 혁신적인 기업은 좀처럼 나오기 힘들다.

'엔화'가 아닌 '달러화' 자산을 만든다

엔화 약세·유로화 약세·달러화 강세가 진행되면서 자산으로서의 달러를 얼마나 보유해야 하는지에 대한 논의가 활발하다.

달러가 강세를 보이기 이전부터 일본의 신흥 부유층은 기본적으로 엔화뿐만 아니라 달러화 자산을 많이 보유하고 있었다. 자산 규모가 부유층에 못 미치는 예비 부유층들 역시 달러화 자산 보유를 진지하게 고민해야 하는 시대가 됐다. 엔화 약세와 인플레이션이 지속되는 한 엔화 자산의 가치는 점차 감소할 수밖에 없기 때문이다.

일본에 살면서 불편하지 않으려면 일상생활에 필요한 최소한의 엔화가 있어야 한다. 그러나 장기적인 국력 저하와 엔저 가속화가 예상되는 상황에서는 엔화 자산이 많을수록 뒤따르는 불이익도 커질 뿐이다.

물론 달러로 자산을 보유한다고 해서 은행 금고에 달러 지폐 뭉치를 얼마나 넣어놨느냐 하는 얘기가 아니다. 달러 자산을 보유한다는 것은 달러로 글로벌 주식이나 미국 주식을 사는 것을 말한다.

마이너스 금리가 계속되는 일본에서는 현금을 가지고 있어봤자 이자도 붙지 않고 배당금(인컴게인)도 받지 못한다. 그러나 글로벌 주식이나 미국 주식을 사면 달러화 자산을 보유할 수 있고 주가 상승 이익(캐피털게인)이나 배당금도 받을 수 있다.

그렇다면, 왜 '달러화' 자산을 늘려야 할까?

답은 간단하다. **달러가 세계 '기축통화'**이기 때문이다. 기축통화는 인플레이션이든 디플레이션이든 통화 약세든 통화 강세든 다른 통화에 비해 가치 유지가 쉽다.

기축통화란, 국제 무역이나 금융 거래 시 결제 수단으로 사용하는 통화를 가리키며 일본을 비롯한 각국의 '외환보유고'도 기본적으로는 달러화다.

외환보유고란 정부나 중앙은행이 외국에 대한 지불 등의 준비금으로 보유하고 있는 금(골드)이나 외화의 총액으로, 일본에서는 재무성과 일본은행이 보유한 외화의 총액을 가리킨다. 일본의 외환보유고는 중국에 이어 세계 2위로 약 1조 4,058억 달러나 된다(2021년 12월 말 시점).

달러를 기축통화로 하는 제도는 1944년에 미국이 제2차 세계 대전 이후를 대비해 금과 교환할 수 있는 달러를 기축통화로 하는 고정환율제도 '브레턴우즈 체제'를 확립한 뒤 80년 가까이 바뀌지 않고 있다.

한때 앞으로는 중국 위안화가 달러를 대신하리라는 전망도 있었지만, 지난 30여 년 동안 '달러=기축통화'의 흐름은 오히려 더 공고해지는 추세다.

러시아의 우크라이나 침공을 계기로 세계는 러시아를 SWIFT(국제은행간통신협회)에서 제외하는 경제 제재를 단행했는데, 앞으로 달러 결제를 할 수 없게 된 러시아는 국제 무역이나 금융 거래 시 큰 어려움을 겪게 될 것이다. 달러 공급선을 차단하는 이러한 경제 제재는 한 나라를 압박하는 비장의 카드가 된다. 그러나 실제로는 제재에 허점이 많고 여전히 에너지 자원을 타국에 계속 수출하고 있어서 제재 효과가 제한적이라는 비판도 있다. 하지만 만약 달러 공급을 완전히 차단할 수만 있다면 러시아 경제는 큰 타격을 입을 것이다. 이만큼 **기축통화로서 달러가 가진 힘은 막**

강하다.

글로벌 주식이나 미국 주식을 보유하면 국내 주식에서는 투자하기 힘든 유망 분야에 투자할 수 있다는 장점도 있다. 일본의 경우, 구체적으로는 **원유나 천연가스 등의 에너지, 곡물, 군사, 의약품 신약 개발** 등이 해당한다.

일본에도 원유를 매입해 휘발유로 판매하는 기업이나 종합상사처럼 원유와 천연가스 등 에너지 비즈니스를 전개하는 곳도 있다. 그러나 원유 자체 채굴을 전업으로 하는 기업에는 투자할 수 없다.

미국은 원유·천연가스 모두 세계 제일의 생산국이다. 엑슨모빌(XOM)이나 셰브론(CVX) 같은 유력 기업이 각축전을 벌이며 오랫동안 성장을 거듭하고 있다. 미국 이외에도 로열더치셸(네덜란드·영국[SHEL]) 같은 실력 있는 글로벌 기업도 있다.

군사 분야에서는 일본에도 미쓰비시전기(6503)나 미쓰비시중공업(7011) 등의 제조업체가 있고, 우크라이나 사태 이후 주가가 일시적으로 상승한 종목도 있다. 그러나 세계로 눈을 돌리면 규모에서 미쓰비시전기나 미쓰비시중공업을 훨씬 웃도는 방산 관련 기업이 존재한다. **미국의 록히드마틴(LMT), 보잉(BA), 영국의 BAE시스템즈(BA) 등이다.**

일본의 방산 기업은 비즈니스 상대라고 해봤자 사실 일본 방위성이 유일하고 한 해 방위비도 연간 5조 엔 정도에 불과하다. 안전 보장 환경이 어떻게 변화하느냐에 따라 앞으로 더 늘어나겠지만, 현재 전 세계 군사비 총액은 2조 달러(약 270조 엔)다. 미국만 해도 100조 엔 정도로 일본의 20배나 된다.

곡물 분야는 어떨까? 일본은 식량 자급률 개선이 필요하다고 외치면서도 오랫동안 제자리걸음만 계속하고 있다. 하지만 곡물 분야에서도 미국의 존재감은 상당하다. 예를 들어 옥수수만 봐도 세계 최대 생산국인 동시에 생산성 향상과 관련해 농업화학 선진국이기도 하다.

미국의 아처대니얼스미들랜드(ADM)라는 기업은 곡물계의 거물이고, 미국 코르테바(CTVA)는 종자와 비료, 제초제를 생산하고 있다. 유전자변형 종자 분야 1위인 미국 몬산토는 2018년에 의약과 농약 분야의 대기업인 독일의 바이엘(BAYRY)에 인수됐다.

신약 개발 분야에서도 일본 기업은 존재감이 약하다. 코로나 바이러스에 효과적인 백신 개발에 성공한 나라도 결국 미국·영국·독일·중국·러시아 등이었다. 앞에서 언급했듯이 일본인이 접종한 코로나 백신도 미국 화이자(PFE)와 독일 바이오엔테크(BNTX), 미국 모더나(MRNA)가 만든 제품이 주를 이뤘다.

영어 실력 부족은
핑계에 불과하다

그런데 '글로벌 투자'라는 말을 들으면 언어부터 걱정하는 사람
도 있다.

국제 비즈니스 공용어는 영어다. 국제 투자 세계에서도 영어가
공용어라서 해외 증권사를 통해 글로벌 투자를 할 생각이면 영
어를 할 줄 아는 편이 사실 유리하다. 그러나 온라인 증권사 등
을 통해 글로벌 투자를 하면 영어를 못해도 크게 불리하지는 않
다. **자국어로 투자할 수 있기 때문이다.**

일본을 예로 들어보자. 글로벌 주식 중에는 브리티쉬아메리칸
토바코(BTI)나 뮌헨재보험(MURGY)처럼 일본에 지사를 두고 있거
나, 일본어 사이트에서 정보를 제공하는 종목도 적지 않다. 이
밖에 일본의 온라인 증권 사이트, 야후파이낸스나 위키피디아
일본어판, 또는 니혼게이자이신문, 개인투자자에게 인기인 TV도

쿄의 〈News 모닝 새틀라이트〉, 〈월드 비즈니스 새틀라이트〉 같은 경제 정보 프로그램 등에서도 일본어로 글로벌 주식이나 미국 주식에 대한 정보를 수집할 수 있다. 꼭 영어로 정보를 얻어야겠다면, 구글 번역이나 DeepL 번역 등을 활용하면 정확도 높은 번역도 가능하다.

중요한 점은 영어를 이해하느냐 못하느냐가 아니라, 유망한 글로벌 주식이나 미국 주식을 발견한 뒤 향후 실적이나 주가 트렌드를 스스로 판단해서 적절히 투자할 수 있느냐이다.

'영어를 모르면 글로벌 투자를 할 수 없다'고 굳게 믿는 사람 중에는 영어가 아닌 자국어 정보가 있어도 어느 종목에 투자해야 할지 정확한 판단을 내리지 못하는 사람이 더 많을 것이다.

이를테면, 내가 주목하고 있는 미국 주식 중에 에어프로덕츠앤케미컬스(APD)라는 산업용 가스 기업이 있다. 산업용 가스란 천연가스처럼 에너지 가스 외에 다양한 산업에서 사용하는 가스를 말한다. 석유정제·석유화학, 금속, 자동차, 반도체, 식품 등 다양한 제조 브랜드에서 사용하며 산소, 질소, 아르곤, 아세틸렌 등이 있다. 이 분야는 진입장벽이 높고 원자재 가격이 올라도 상승분을 고객에게 전가하기 쉬워서 비용 관리가 편하고 수익 창출이 용이하다는 특징이 있다.

본서 집필 시점에서 에어프로덕츠의 EPS(주당순이익)는 높은 수준이고, 전 세계 기관투자자의 평가도 높다. 특히나 앞날 예측이 쉽지 않은 지금과 같은 시황에서는 매수세 유입이 쉬워서 주가 상승으로 이어질 가능성이 크다.

에어프로덕츠는 산업가스 분야에서 세계 3위인데, 그다음 4위는 일본산소홀딩스(4091)라는 일본 기업이다. 일본산소는 매출과 이익 모두 순조롭게 성장 중이고, 산업계 화두인 탄소 중립을 통한 녹색성장 실현이라는 관점에서도 수소 판매업체로서 세계적인 존재감을 드러내고 있다. **일본에 살고 일본어로 정보를 모을 수 있는데도 이러한 일본산소의 동향을 주시하고 있는 개인투자자가 얼마나 될지 의문이다.**

"영어를 못하니까…"라는 이유로 글로벌 투자를 주저하는 사람은, 어쩌면 '영어의 벽'은 핑계일 뿐이고 그냥 개별 종목 투자를 피하고 싶은 것일 수도 있다. 이렇게 도전해보지도 않고 거부하는 태도는 효율적인 자산 증식 여정에 걸림돌이 된다. 이 책을 참고하여 적은 액수라도 좋으니 글로벌 개별 종목 거래를 시작해보기를 추천한다.

PART 2

글로벌 투자의
7가지 원칙
· 기초편 ·

●

이 책에서 소개하는 글로벌 투자에 도전하기 위해 알아두어야 할 7가지 원칙이 있다. 이 원칙을 지키면 투자 자체가 즐거워지고, 계속하다 보면 실력도 향상된다. 7가지 원칙 중 우선 이번 장에서는 3가지를 알아보자.

처음 두 가지는 글로벌 투자뿐만 아니라 주식 투자 전반에 적용되는 기본 원칙이다. 노련한 개인투자자에게는 시시하게 느껴질 수 있으니, 3번째 원칙(75쪽)부터 읽어도 상관없다. 하지만 '초심을 잊지 말자'는 의미에서 다시 한번 읽어보기를 추천한다. 금융업계에 25년 정도 몸담고 있는 나 역시 몇 번이고 반추하며 업데이트해야 할 내용이라고 생각하기 때문이다.

장기적 안목을 가진다

맨 처음 다룰 원칙은 늘 '장기적 안목을 가져라'이다. 이 원칙은 부유층뿐 아니라 모든 개인투자자에게 대전제가 되는 사항이다.

어느 정도 기간부터 장기라고 부를 수 있을까? 명확한 정의는 없지만, 국채는 10년짜리부터 장기 범주에 들어가므로 이 책에서도 장기 투자는 10년 이상이라고 정의하자. "난 이제 젊지 않아서 10년 이상 장기 투자하기엔 너무 늦었어"라고 한탄하는 사람이 있는가? 그렇지 않다. '초' 대부호인 투자의 신 워런 버핏은 1930년생으로 올해 93세지만, **1,000억 달러로 추정되는 막대한 자산 중 95% 이상은 65세 이후에 불린 자산이라고 한다.**

투자는 젊을 때 시작할수록 좋지만, 설령 은퇴 후 시작한다고 해도 결코 늦지 않다.

개인투자자의 큰 장점은 **기관투자자와 달리 본인이 최종 결정자이며, 원하는 투자를 마음먹은 대로 밀어붙일 수 있다**는 점이다. 여러 고객의 자금을 모아 자산을 운용하는 기관투자자는 고객을 의식할 수밖에 없기에 더 짧은 기간에 일정한 수익을 올려야 한다.

나 역시 기관투자자로서 글로벌 주식형 액티브 펀드를 운용해왔는데, 공격적으로 운용해 수익을 올리지 않으면 자금이 유출될 우려가 있다. "지금은 일시적으로 마이너스지만, 5년 후에는 플러스 20%를 기대할 수도 있으니 참고 기다려주세요"라는 식의 주장은 용납되지 않는다. 하지만 자기 자금을 굴리는 개인투자자에게는 이러한 제약이 없으니 자기 소신에 따라 장기적인 안목을 관철하며 수익을 낼 수 있다.

금전적 여유가 적고 투자 실력이 없는 사람일수록 원금이 당장 두세 배로 불어난다고 부추기는 투기색 짙은 투자를 선호한다. FX마진거래(외환증거금거래)나 암호화폐(가상화폐)처럼 단기간에 손쉽게 돈을 버는 방법은 없을까 이리저리 기웃거린다.

다이어트도 살찐 사람일수록 "한 달 안에 10㎏ 감량!"을 외치며 무리한 목표를 세웠다가 실패하고 다시 원 상태로 돌아오는 경우가 많다. 단기적인 다이어트가 실패로 끝나기 쉽듯 단기적 투자도 좀처럼 성공하기 어렵다는 사실을 반드시 기억해야 한다. **단기간에 돈을 버는 금융상품이 있더라도 그 상품은 분명 고위험·고수익**이다. 운 좋게 수익을 낼 수도 있지만, 귀중한 자산을 잃을 위험도 크다. 결과적으로 투자라는 무대에서 조기 퇴출당할 위험까지 감수해야 하는 상황이 올 수도 있다.

다이어트는 돈이 들지 않으니(물론 돈이 드는 방법도 있지만) 원상 복귀할 때마다 재도전하면 된다. 그러나 높은 수익률을 기대하고 시작한 투자에서 거액이 한 방에 날아가버리면, 재도전이 어려울뿐더러 정신적인 고통도 크다.

주사위 도박 비슷한 외환 바이너리 옵션 거래(정해진 시점에서의 등락을 예측해 특정 값보다 높은지 낮은지를 양자택일로 고르는 거래)를 했더니 돈이 계속 곱절로 늘어나 **"눈 깜짝할 새에 자산이 100억 원이 넘었다!"**라고 인터넷에서 꿈같은 무용담을 떠벌리는 사람이 있다. 하지만 설령 이것이 사실이라 해도 똑같이 따라 할 수도 없고 성공 확률 또한 매우 낮으며 재현성이 보장되지도 않는다.

쉽게 버는 도박 같은 방법을 피하고, 개인투자자의 장점을 살려 장기적인 안목으로 투자를 지속하는 것, 이것이 기본 중의 기본이다.

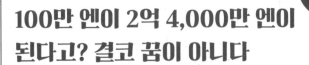

100만 엔이 2억 4,000만 엔이 된다고? 결코 꿈이 아니다

장기 투자가 유리한 이유는 무엇일까? 이것도 기본 중의 기본인데, 가장 큰 이유는 **'복리를 활용할 수 있기 때문'**이다.

'복리'는 투자로 얻은 이자를 재투자함으로써 돈이 돈을 낳는 구조다. 상대성이론으로 유명한 알버트 아인슈타인은 "복리는 인류 최대의 발명이다. 아는 사람은 복리로 돈을 벌고 모르는 사람은 이자를 낸다"라는 말을 남겼다고 한다. 아인슈타인이 어떤 상황에서 이 말을 했는지 모르지만, 투자를 오래 한 사람이라면 한 번쯤은 들어본 에피소드가 아닐까 싶다.

예를 들어 수중에 있는 100만 엔을 연율(年率) 10%로 복리 성장시키면 10년 후에는 2.59배인 259만 엔이 된다(세금 공제 전, 이하 동일). 20년 후에는 6.73배인 673만 엔이 되고, 30년 후에는 17.45배로 불어 1,745만 엔이 된다.

이율(%)

연	1%	2%	3%	4%	5%	6%	7%	8%	9%	10%
1	1.010	1.020	1.030	1.040	1.050	1.060	1.070	1.080	1.090	1.110
2	1.020	1.040	1.061	1.082	1.103	1.124	1.145	1.166	1.188	1.210
3	1.030	1.061	1.093	1.125	1.158	1.191	1.225	1.260	1.295	1.331
4	1.041	1.082	1.126	1.170	1.216	1.262	1.311	1.360	1.412	1.464
5	1.051	1.104	1.159	1.217	1.276	1.338	1.403	1.469	1.539	1.611
6	1.062	1.126	1.194	1.265	1.340	1.419	1.501	1.587	1.677	1.772
7	1.072	1.149	1.230	1.316	1.407	1.504	1.606	1.714	1.828	1.949
8	1.083	1.172	1.267	1.369	1.477	1.594	1.718	1.851	1.993	2.144
9	1.094	1.195	1.305	1.423	1.551	1.689	1.838	1.999	2.172	2.358
10	1.105	1.219	1.344	1.480	1.629	1.791	1.967	2.159	2.367	2.594
15	1.161	1.346	1.558	1.801	2.079	2.397	2.759	3.172	3.642	4.177
20	1.220	1.486	1.806	2.191	2.653	3.207	3.870	4.661	5.604	6.727
25	1.282	1.641	2.094	2.666	3.386	4.292	5.427	6.848	8.623	10.835
30	1.348	1.811	2.427	3.243	4.322	5.743	7.612	10.063	13.268	17.449

참고로 이 책에서 말하는 '연율'은 연평균 성장률(CAGR, Compound Annual Growth Rate)을 의미한다. 연평균 성장률은 여러 해 동안의 성장률에 복리를 반영해 기하평균으로 구한 값이므로 **연율 10%라고 해서 매년 10%의 수익이 있었다는 의미가 아니다.**

일본의 30대 1인 가구가 보유한 평균 저축액은 247만 엔이다 (일본 금융홍보중앙위원회 '가구 금융 행동에 관한 여론조사-1인 가구 조사[2020년]'

에서 인용). 가령 30세에 저축 중 100만 엔을 주식에 투자해 연율 10%로 복리 운용하면, 추가 자금을 전혀 투입하지 않아도 30년 후 정년퇴직할 즈음인 60세에는 퇴직금과 함께 약 1,745만 엔을 손에 쥘 수 있다는 계산이 나온다.

좀 더 여유가 있어서 200만 엔의 여유 자금을 마련했다면, 마찬가지로 30년 후에는 3,490만 엔이 된다. 그러면 계산상으로는 2019년 일본에서 큰 화제가 됐던, 연금만으로 노후 생활을 영위하기에는 2,000만 엔이 부족하다는 '노후 2,000만 엔 문제'도 거뜬히 해결할 수 있다.

참고로 만약 100만 엔을 연율 20%로 복리 운용하면 30년 후에는 과연 얼마가 될 것 같은가? 5,000만 엔? 1억 엔? 아니다. **무려 2억 3,737만 엔이나 된다.** '장기×복리 운용의 힘'은 이토록 강력하다.

일본에서는 초저금리 시대가 장기간 이어지면서 거대 은행의 정기예금 금리가 불과 연 0.002%밖에 되지 않았다. 100만 엔을 1년짜리 정기예금에 맡겨도 이자는 고작 20엔이다. 반면 주식에 투자해 연율 10%로 운용하면 1년 후에는 110만 엔이 되므로 **정기예금보다 5,000배의 수익**이 생기는 셈이다.

'장기×복리 운용이 대단한 건 알았는데, 정기예금의 5,000배나 되는 수익률 연 10%를 일정하게 유지하며 장기 운용하는 게 과연 가능할까?' 하고 고개를 갸웃거리는 사람도 있을 것이다. 하지만 이는 기우에 불과하다.

어디까지나 과거 실적이긴 하나 계산상으로만 보면, 만약 2009년 리먼 사태 당시 나스닥 종합지수에 연동하는 ETF(상장지수펀드)에 투자했다면, **10년 이상 연율 20%의 운용 성적을 올릴 수 있었다.** 또 나스닥 종합지수, 뉴욕 다우지수 등 대표적인 주가 지수에 연동하는 인덱스 펀드에 투자했어도 평균적으로 **연율 7.4% 정도의 수익률**을 기대할 수 있었다. 이렇게 생각하면 연율 10%라는 숫자는 지극히 현실적인 숫자다.

사업가에게도 투자 자본 대비 영업이익 기준으로 매년 연율 15~20%의 이익을 내는 건 너무도 당연한 얘기다. 연율 10% 내외의 장기×복리 운용은 지속가능한 일이며, 개인투자자의 자산 형성에 큰 도움이 된다.

투자를 분산시킨다

"계란을 한 바구니에 담지 말라"라는 유명한 격언을 굳이 들먹이지 않더라도, 분산은 투자의 핵심이다. 주식 투자 포트폴리오(금융상품 조합)는 소수 종목에 집중투자하는 식이 되어서는 안 되며, 여러 종목을 잘 조합해 구성해야 한다(자산 규모가 커질수록 주식투자 외에 금이나 부동산 등으로 분산시켜야 한다. 242쪽 참고).

기업의 실적과 주가는 늘 움직이며 변한다. 주식 시장의 전반적인 흐름도 기복이 심한 편이다. IT 버블 붕괴, 리먼 사태, 코로나 사태 같은 대폭락도 정기적으로 찾아오기 때문에 주가나 시장의 앞날이 어떻게 될지 정확히 예측할 수 있는 사람은 아무도 없다. 투자의 신 버핏조차 앞날을 잘못 짚어 손해를 보기도 한다. 그래서 **여러 종목을 골고루 조합해 위험은 분산하고 수익은 늘어나도록 포트폴리오를 짜는 일**이 중요하다.

그렇다면 얼마나 많은 종목에 투자해야 분산투자라고 할 수 있을까? 5개 종목? 아니면 10개 종목?

자산 규모에 따라서도 다르지만, 일반적으로 20개 종목 이상이면 위험과 수익을 최적화하는 분산투자가 가능하다고 본다. 개인적으로는 **25개 종목 전후의 분산투자를 추천**한다. 이제 막 투자를 시작했다면, 각 종목에 어느 정도 균등하게 투자해야 알기도 쉽고 포트폴리오 관리도 편하다.

25개 종목에 균등하게 투자한다고 가정하면, 한 종목당 투자 금액은 전체의 4%. 만약 총 500만 엔을 투자한다고 치면 한 종목당 20만 엔씩 투자하는 셈이다. 이렇게 하면, 머릿속으로 그리던 투자 스토리가 무너져 **특정 보유 종목 주가가 25% 하락하더라도 전체에 미치는 영향은 1%에 불과하다.** 이때는 손절매(로스컷)해도 5만 엔가량 손해 보는 선에서 끝난다.

'섹터', '테마', '타이밍'을 분산시킨다

분산투자에서는 우선 **업종(섹터)을 분산**하는 관점이 중요하다.

예를 들어 에너지 관련주에만, 자동차 관련주에만, 반도체 관련주에만 집중투자하는 방법은 아무리 해당 섹터 안에서 종목을 분산시킨다고 해도 '계란을 바구니 한 개에 담는' 꼴이다. 어떠한 사정으로 그 섹터가 모조리 하락하면 큰 손실을 입을 수밖에 없다.

글로벌 주식의 섹터는 총 11개다. 이는 '세계산업분류기준(GICS)'이라 불리는 것으로 1999년에 'S&P 다우존스 인덱스'와 앞에서 언급한 'MSCI(모건스탠리캐피털인터내셔널)'가 공동 개발한 산업 분류이다(다음 표 참고). 이들 섹터에 투자처를 분산하는 것이 기본 전제 조건이다.

세계산업분류기준(GICS)

에너지

석유, 천연가스, 석탄 등의 탐사, 개발, 정제, 판매, 저장, 운송 관련.
석유·가스 관련 설비와 서비스 제공 기업도 포함한다.

소재

화학 제품, 건축 자재, 유리 용기, 종이 제품, 목재, 금속·광업 등을 포함한다.

커뮤니케이션·서비스

인터넷, 브로드밴드, 스마트폰 등을 통해 네트워크상에서 제공되는 정보, 광고, 오락, 뉴스, 소셜미디어 등의 콘텐츠를 제공한다.

일반소비재

자동차, 의류, 레저 용품, 호텔, 레스토랑 등 소비자 대상의 소매, 제조, 서비스를 제공한다.
경기의 영향을 받기 쉽다.

생활필수품

식료, 음료, 담배 제조 및 판매, 가정용품 등의 제조를 다룬다. 식품 및 의약품 소매업도 포함한다.
생활에 필수적이므로 경기의 영향을 덜 받는다.

금융

은행, 각종 금융 서비스, 소비자금융, 증권회사, 자산운용회사, 금융거래소 등.
보험 인수인 및 보험 브로커도 포함한다.

헬스케어

헬스케어 공급자 및 서비스, 헬스케어 기기와 용품의 제조 및 판매 기업을 포함한다.
의약품이나 바이오테크놀로지 기업도 포함한다.

자본재·서비스

건설 관련, 전기 설비, 기계 설비, 항공우주, 국방 등의 자본재 제조 업체와 판매 회사를 포함한다. 건축·토목, 인쇄, 환경 서비스, 인사 및 고용 서비스, 조사 및 컨설팅 서비스, 운송 서비스 등의 제공 업체도 포함한다.

정보 기술

IT 관련 소프트웨어 및 정보 기술 컨설팅, 데이터 처리 제공 기업을 포함한다.
통신 기기, 스마트폰, 컴퓨터, 반도체 등의 테크놀로지·하드웨어 및 기기 제조·판매업자도 포함한다.

부동산

부동산 개발 업체, 주식형 부동산 투자신탁(REIT)을 포함한다.

공익사업

전력, 가스, 수도 등의 공익사업 관련. 재생가능에너지 등을 포함한다.

다음으로 '테마' 분산도 중요하다.

한 테마가 여러 섹터에 걸쳐 있는 경우가 꽤 있으니 **'섹터'와 '테마'를 잘 배합해야 한다.**

장기 테마에는 '탄소 중립(녹색성장)', '환경·사회·거버넌스(ESG)', 클라우드화 같은 '디지털트랜스포메이션(DX)' 등이 있다. 예를 들어 탄소 중립이라는 테마는 '일반소비재', '에너지', '소재', '공익사업' 등의 섹터와 횡적으로 연관되어 있다.

단기 테마의 예로는 2022년 러시아의 우크라이나 침공과 관련해 '곡물', '방산', '에너지' 등을 꼽을 수 있다.

이렇게 테마 이야기를 하면 우려하는 사람이 있다. "어딜 가나 탄소 중립 얘기뿐인데 이제 와서 거기서 유망 종목을 찾는다고? 너무 늦었어. '최고점 매수'가 될지도 몰라" 하고 말이다.

이러한 우려를 이해하지 못하는 건 아니다. 하지만 아무도 관심 없는 테마나 종목에 선행 투자했다가 예상이 적중해 대박이 날 확률은 사실 그렇게 높지 않다. 심지어 헛스윙으로 끝나버릴 수도 있다. 하지만 투자자 사이에서 그럭저럭 화제를 모은 테마나 종목은 이미 확실성이 높아진 상태라서 불확실성이 높은 선행 투자보다 투자 효율이 더 높을 가능성이 크다.

섹터나 테마 안에서 종목을 선별할 때는 뉴욕 다우지수나 나스닥 종합지수 같은 인덱스(주가 지수)와 비교해보는 게 효과적이다. 다소 등락이 있더라도, 장기적으로 볼 때 평균적으로 인덱스를 웃도는 성장을 계속하는 종목을 고른다. 이렇게 성장률이 높은 종목의 주가가 하락하면, 그때가 매수 기회다. 인덱스 하락 국면에서도 성장세를 유지하거나 주가가 안정적인 종목도 좋은 투자처가 될 수 있다.

분산투자를 할 때 **'좋아하는 대상'에 투자하는 관점도 중요**하다. 좋아하는 나라, 좋아하는 취미, 좋아하는 스포츠는 사람마다 다르다. 여기에 투자 힌트가 숨어 있을 때가 의외로 많다.

서핑을 매우 좋아해서 거의 해마다 하와이를 방문하는 사람은, 항공업계나 호텔업계를 비롯해 패션과 스포츠를 융합한 '애슬레저(athleisure)', 바다 관련 업계 등에도 자연스레 관심을 갖게 되고 그러다 보면 그 분야의 '전문가'가 될 확률이 높다. 업계에 대해 아무것도 몰라 횡설수설하는 문외한보다는, 어느 정도 전문가의 눈을 가진 사람이 유망한 종목을 고르거나 매매 타이밍을 포착하는 데 단연 유리하다.

마찬가지로 게임이 취미라면, 게임 소프트웨어나 게임기 제조

회사, 또는 e스포츠 업계에 대해 잘 알 터다. 이러한 기업이나 업계의 전문가가 되면 다른 투자자보다 우위를 점할 수 있다.

그리고 무엇보다 좋아하는 분야에 투자하면, **투자를 즐기면서 지속할 수 있다.** "좋아하면 잘하게 된다"라는 말처럼 계속하다 보면 투자 실력도 점점 늘게 마련이다. 장기 투자가 전제인 개인 투자에서는 이것이 중요하다.

투자 타이밍 분산도 필요하다.

특히 일본인의 경우 글로벌 투자를 할 때는 달러로 매입해야 해서 '환율 리스크'가 따른다. 엔저가 되면 구매 비용이 올라가고, 엔고가 되면 구매 비용이 내려간다. 2022년처럼 엔화 약세가 계속되면 글로벌 투자에 불리한데, 엔화 강세를 기다리다 관심 종목 주가가 올라버리면 살 기회를 놓치게 된다.

환율 리스크를 평균화하는 방법으로 **달러비용평균법**이 유명하다. 달러비용평균법은 적립식으로 구매액을 일정하게 정해놓고 같은 금융상품을 주기적으로 매수하는 방법이다. 엔화 약세일 때는 구매 주식 수가 적어지고 엔화 강세일 때는 구매 주식 수가 늘어나기 때문에 환율에 따른 가격 변동 위험이 줄어든다.

포트폴리오를 리밸런싱한다

장기 투자를 위해서는 포트폴리오 '리밸런싱(자산 배분 재조정)'이 필요하다. **장기 투자가 곧 바이앤홀드**(Buy and Hold, 한번 사면 팔지 않고 계속 가지고 있는 것)**라는 것은 틀린 말**이며 상황에 따라 포트폴리오를 재조정해야 한다.

개별 종목이나 인덱스 모두 오르락내리락하는 파동이 있다. 어느 정도 오르면 일부를 팔아 이익을 확정하고, 그 자금으로 저평가됐다고 여겨지는 종목을 사서 포트폴리오를 재정비한다. 이를 반복하며 포트폴리오 전체가 연율 10% 이상의 안정적인 수익률을 내도록 한다. 포트폴리오를 정기적으로 리밸런싱하면, 위험을 낮추고 수익을 최적화할 수 있다. 이는 노벨 경제학상을 받은 '현대 포트폴리오 이론'에 의해 입증된 사실이다(101쪽 참고).

그렇다면 도대체 어느 정도 오르거나 내리면 리밸런싱을 해야 하는 걸까?

나는 부유층에게 리밸런싱 조언을 할 때 '20/25 규칙(155쪽 참고)'을 기준으로 제시한다. '20/25 규칙'은 단기적으로 보유 종목 주가가 20% 상승하면 한 번 매도해서 이익 실현을 하고, 25% 하락하면 매도하는 규칙이다.

그런데 '다음엔 이 종목을 사야지' 하고 눈여겨둔 '관심 종목'이 전혀 없으면 탄력적인 리밸런싱이 어렵다. 25개 종목을 가지고 있어도, 25개 외에 '이 비즈니스모델에 관심이 좀 간다'라거나 '수익률이 계속 좋으니 주가가 좀 더 내리면 사야지'라는 생각이 드는 종목이 분명 있을 터다. 그런 종목을 나는 '레이더 스크린(등록 종목 목록)'에 포착된 종목이라고 표현한다. 레이더 스크린 종목도 가짓수가 많으면 더 복잡해지므로 최대 25개 정도가 적당하다.

포트폴리오를 리밸런싱할 때에는 '보유 종목 25개+레이더 스크린 종목 25개=50개'가 고려 대상이 된다. 보유 종목+레이더 스크린 종목에는 항상 관심을 두게 되므로 실적 변화나 시황에 따른 가격 변동을 잘 파악하고 있을 수밖에 없다. 따라서 더 정확한 투자 판단을 내릴 수 있다.

원칙 3

피라미드 모양의 자산을 쌓는다

투자의 위험과 수익은 '트레이드오프(trade-off, 상충관계)'라서 수익이 클수록 위험도 커지고 위험이 줄어들수록 수익도 줄어드는 경향이 있다.

고위험·고수익 투자를 했다가 큰 손실을 입으면 주식 시장에서 철수해야 할 수도 있다. 그렇다고 저위험·저수익 투자만 추구하면 원하는 만큼의 자산 형성이 어렵다.

그렇다면 어떻게 해야 위험과 수익의 적정 균형을 유지할 수 있을까?

나는 '피라미드형 자산 형성 플랜'을 생각하라고 권유하곤 하는데, **위험과 수익 균형이 서로 다른 포트폴리오를 층층이 쌓아 올리는 방법**이다. 피라미드를 몇 층으로 할지는 사람마다 다르지만, 나는 주로 **3단계로 쌓아 올리는 '자산 형성 피라미드®**'를 추천한다.

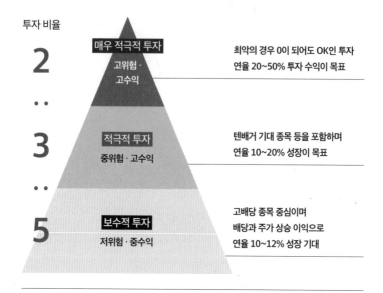

자산 형성 피라미드®

3단계 투자로 자산 증식 추구

투자 비율

2

매우 적극적 투자

고위험·
고수익

최악의 경우 0이 되어도 OK인 투자
연율 20~50% 투자 수익이 목표

3

적극적 투자

중위험·고수익

텐배거 기대 종목 등을 포함하며
연율 10~20% 성장이 목표

5

보수적 투자

저위험·중수익

고배당 종목 중심이며
배당과 주가 상승 이익으로
연율 10~12% 성장 기대

이는 그림에서 보듯 3개 층으로 이루어져 있다.

투자 비율은 '보수적 투자 5 : 적극적 투자 3 : 매우 적극적 투자 2'
이다. 가령 여유 자금 1,000만 엔을 글로벌 주식에 투자한다고
하면, 1단계 보수적 투자에 500만 엔, 2단계 적극적 투자에 300
만 엔, 3단계 매우 적극적 투자에 200만 엔을 투자하는 식이다.
그럼 각 층에 대해 하나하나 알아보자.

● 1단계: 보수적 투자

토대가 되는 1단계는 반드시 '저위험·중수익'의 보수적 투자여야 한다. 여기서는 글로벌 우량 기업 및 고배당 종목을 중심으로 인컴게인(배당금)과 캐피털게인(주가 상승 이익)을 얻어 연율 10~12% 성장을 이루는 것이 목표다. 물론 배당금과 주가 상승 이익 모두 재투자해서 복리로 자산을 증식한다.

● 2단계: 적극적 투자

성장성이 높은 글로벌 주식이나 미국 주식을 꾸준히 '장기×복리 운용'하고 있다면, 1단계만으로도 자산은 늘어난다. 그러나 자산에 여유가 있는 부유층은 대부분 약간의 위험을 감수하더라도 자산이 더 늘어나길 바란다. 그래서 1단계 위에 '중위험·고수익'의 적극적 투자를 쌓는다. 주요 투자 대상은 고성장을 거듭하고 있는, 앞으로 10배까지 주가가 뛸 것(텐배거, ten-bagger)으로 기대되는 종목이다.

그리고 여기에 단기 수익을 올릴 수 있는 '옵션 거래'를 조합한다. 개별 주식 옵션 거래는 현물 주식으로도 매력적인 종목을 골라 '옵션 가격', 즉 '보험료'를 거래하는 것이다.

이렇게 설명해도 "그게 뭐야? 위험한 거래 아니야?", "장벽이 높을 것 같은데…" 하고 거부 반응을 나타내는 사람이 대부분일 것이다. 그러나 주식 투자가 보편화된 미국에서는 **초보자도 지극히 일상적으로 사용하고 있는 방법**이다.

특히 '로빈후드'라고 불리는 젊은 개인투자자들(이들은 '로빈후드'라는 온라인 증권사를 애용한다는 공통점이 있어서 이렇게 불린다)은 옵션 거래를 자주 이용한다. 만약 거래 구조가 납득이 된다면, 소액이라도 좋으니 도전해보기 바란다(옵션 거래에 대해서는 PART 3·4에서 다시 설명하도록 하겠다).

두 번째 단계의 목표는 **연율 10~20% 성장**이다. 보수적인 투자와 마찬가지로 배당금과 주가 시세 차익 모두 재투자해서 복리로 자산을 늘린다.

● **3단계: 매우 적극적 투자**

피라미드의 정점인 3번째 단계에는 매우 적극적인 투자를 쌓는다. 2단계의 적극적 투자로 발생한 초과 수입을 활용해 **'고위험·고수익'으로 연 20~50%의 투자 수익**을 올리는 게 목표다. 3번째 단계를 잘 활용하면, 목표 자산 규모에 도달하는 기간을 대폭 줄일 수 있다.

투자 대상은 **개별 종목 '옵션 거래' 외에 '페니스톡 투자', '원자재 투**

자', '**벤처캐피털 투자**', '**SPAC 투자**' 등이다. 모두 생소한 투자법이라 생각되므로 하나씩 간략히 설명해보겠다.

페니스톡 투자란 1주당 1달러 미만에 거래되는 주식에 투자하는 기법으로, 유동성이 낮은 투기성 저가주에 투자해 큰 수익을 올리는 게 목표다. 2014년에 개봉한 마틴 스코세이지 감독의 할리우드 영화 〈더 울프 오브 월 스트리트〉에서 레오나르도 디카프리오가 연기한 실존 인물 조던 벨포트는 페니스톡으로 큰돈을 번 것으로 유명하다(나중에 사기죄로 유죄 판정을 받고 투옥됐지만…).

원자재 투자는 상품 선물 시장에서 거래되는 원자재(상품), 즉 원유나 휘발유 등의 에너지, 금이나 백금 등의 귀금속, 옥수수나 대두 등의 곡물에 투자하는 것을 말하며 투자신탁 등을 통해 이루어진다.

벤처캐피털 투자란 갓 창업한 벤처기업에 투자하는 방법이다. 일본 TV 광고에 자주 등장해 일본인에게 익숙한 '판디노(FUNDINNO)'는 장래성 있는 벤처기업에 투자할 수 있는 주식 투자형 크라우드펀딩 플랫폼인데, 앞으로 일본에서도 벤처 투자가 확대되지 않을까 기대되는 부분이다. 투자한 기업이 IPO(기업공개)나 바이아웃(M&A[합병이나 매수] 등을 통한 제3자 매각)을 했을 때 큰 수

일본의 투자형 크라우드펀딩 '판디노'

https://fundinno.com

익을 기대할 수 있다.

SPAC 투자는 SPAC(기업인수목적회사)이라는 페이퍼컴퍼니에 투자하는 것이다. SPAC은 정해진 사업 없이 백지 상태로 상장하기 때문에 '블랭크체크(백지수표)' 기업이라고도 불린다. SPAC이 상장해서 주식 판매 등으로 자금을 조달한 뒤 이 자금으로 유망한 미상장 스타트업 인수에 성공하면 큰 수익을 올릴 수 있다.

지금까지 소개한 기법은 모두 고위험·고수익인 만큼 최악의 경우 투자 자금이 제로가 될 수 있음을 각오하고 접근해야 한다.

여유 자금이 많은 부유층에게는 3단계 고위험·고수익 투자도 추천하지만, 여유 자금이 적은 개인투자자라면 무리하지 말고 2단계까지 실천해보도록 한다.

투자신탁에서
ETF(상장지수펀드)로,
ETF에서 개별 주식 투자로

column

글로벌 투자에는 '투자신탁'을 활용해 여러 종목에 분산투자하는 간단한 방법도 있다.

　예를 들어 일본 개인투자자들에게 인기 있는 투자신탁 'eMAXIS Slim 전세계 주식(올컨트리)'(미쓰비시UFJ국제투신)은 개인투자자들 사이에서는 '올칸'이라는 애칭으로 불릴 만큼 친근하다. 일본을 포함한 '전 세계에 통째로 투자한다'는 이미지가 강한데, 사실 미국 투자가 약 60%다. "개별 주식 투자는 종목 선택과 매수를 직접 해야 하니 너무 어렵다. 그냥 '올칸' 같은 투자신탁이 편하고 좋다"라고 말하는 사람이 많다. 그러나 섣부른 판단은 금물이다.

　앞으로 투자 교본으로 삼고 싶은 신흥 부유층 가운데 글로벌 투자를 하면서 투자신탁을 이용하는 사람은 내가 아는 한 거의 없다. 왜냐면 원하는 대로 운용할 수 없을뿐더러 이익도 한정적이기 때문이다.

　애당초 투자신탁이란, 여러 투자자로부터 모은 돈을 자산 운용 전문가가 주식·채권·부동산 등에 투자해 돈을 불리는 것이다. '펀드'라고도 한다. 기본적인 사항이지만, 투자신탁에는 ①판매 회사, ②운용 회사, ③자산 관리 회사 등 3개 회사가 관여하며 각각에 수수료가 발생한다.

투자신탁을 판매하는 곳은 증권회사·은행·보험회사 등이고, 운용하는 곳은 자산운용사다. 나도 과거에 모 대형 자산운용사에서 글로벌 주식을 운용했다.

한편 자산을 관리하는 곳은 신탁은행이다. 일본의 경우 신탁은행은 또다시 일본마스터트러스트신탁은행, 일본커스터디은행 등 일본의 대형 신탁회사에 재신탁한다. 일본 기업의 주요 주주 명단에서 이들 신탁은행 이름을 자주 볼 수 있는데, 해당 기업 주식이 투자신탁에 편입되어 있기 때문이다.

예를 들어 소프트뱅크그룹(9984)의 최대 주주는 소프트뱅크그룹의 손정의 회장 겸 사장이고, 2위는 일본마스터트러스트신탁은행, 3위는 일본커스터디은행이다.

글로벌 주식이나 미국 주식 투자신탁의 경우 일본 내 재신탁 은행은 미국의 브라운브라더스해리먼이나 스테이트스트리트 같은 해외 자산관리은행을 이용한다.

도매상을 많이 거칠수록 상품 가격이 비싸지듯 투자신탁도 관여하는 금융 기관이 많아질수록 비용이 커진다. 글로벌 주식이나 미국 주식의 경우 펀드에 포함된 증권을 거래할 때마다 건당 수십 달러의 수수료를 자산관리은행에 지불한다. 결국 이러한 비용은 모두 투자신탁을 매입하는 투자자에게 전가된다.

가령 매수 시 발생하는 판매수수료가 연 1%, 보유하는 동안 드는 신탁보수가 연 1%라고 하면, 1%+1%=2%다. 7%의 운용 성과를 올렸다 해도 2%를 빼면 수익률은 5%밖에 되지 않는다.

이 밖에도 투자신탁은 하루에 한 번만 가격(기준 가격)을 재조정한다. 주식형 투자신탁의 경우 시가총액+이자+배당금에서 운용 비용을 뺀 금액을 한 구좌 당으로 계산해 제시하도록 되어 있다.

따라서 글로벌 주식이나 미국 주식형 투자신탁을 매입하고 싶어도 실제 가격은 다음 날이 되어야 알 수 있다. 개별 주식 투자와 달리 자기가 사고 싶은 가격으로 '지정가 주문'을 할 수도 없어서 다음 날 기준 가격이 올라도 그 가격으로 살 수밖에 없다.

단 NISA(소액투자비과세제도. 일본 정부가 2013년 10월에 도입한 비과세 투자상품- 옮긴이)나 iDeCo(일본 내 개인형 퇴직연금. 한국의 IRP에 해당-옮긴이)에서는 투자신탁으로 세제 혜택을 받거나 판매수수료가 없는 '노로드펀드' 상품을 선택할 수 있다. 관심 있는 분은 체크해보기 바란다.

신흥 부유층 사이에서 투자신탁 대신 요즘 인기를 끌고 있는 상품이 ETF(상 장지수펀드)다.

일반 투자신탁은 주식 시장에는 상장되어 있지 않지만, ETF는 주식 시장에 상장되어 있어서 주식처럼 자유롭게 사고팔 수 있다.

투자신탁은 기준가 재조정이 하루 한 번뿐이지만, 주식 시장에 상장된 ETF 는 주가와 마찬가지로 실시간으로 가격 변화를 알 수 있고 이를 바탕으로 탄력적이고 유연한 운용이 가능하다는 장점이 있다. 수수료 등 운용 비용 면에서도 ETF는 투자신탁보다 비용이 적게 드는 상품이 많다.

개인투자자가 개별 주식 투자 외에 글로벌 주식이나 미국 주식에 투자하고 싶다면 투자신탁보다 ETF를 선택하는 것이 낫다고 할 수 있다.

일본의 핀테크 기업 웰스내비(7342)처럼 AI(인공지능)가 탑재된 로보어드바이저 기능을 활용해 글로벌 투자를 하는 개인 자산 운용 서비스도 등장하고 있다. 웰스내비는 적극적인 TV 광고로 약 33만 명의 회원을 확보했고, 위탁 자산이 7,000억 엔이 넘는다고 한다(2022년 8월 시점).

웰스내비는 ETF 운용을 통해 전 세계 50여 개국, 1만 2,000종목에 분산 투자하는 등 세계 경제성장의 수혜를 누리는 글로벌 투자임을 강조한다. 연 1.1%(세금 포함)의 이용 수수료, 연 0.08~0.13%의 ETF 보유 비용을 운용 회사가 가져간다.

AI를 활용하면 기존에 없던 새로운 투자 기술 혜택을 받을 수 있지 않을까 하는 기대감도 생기지만, 무조건 과신해서는 안 된다. 기본적으로는 기존의 '퀀트 운용'의 개선판이라는 게 내 생각이다. 퀀트 운용이란 주가, 실적, 금리, 경제성장률, 실업률 등의 데이터를 고도의 수학적 기술을 구사하는 컴퓨터 프로그램에 입력해 운용하는 것이다.

공적연금처럼 저위험·저수익 운용이 요구되는 분야에서는 이러한 AI 운용≒퀀트 운용을 활용해도 괜찮다고 생각한다. 그러나 글로벌 투자를 통해 자산을 더 효율적으로 운용하고자 하는 개인투자자에게는 성과가 조금 부족하지 않을까?

실제로 내가 자주 만나는 신흥 부유층 중에는 글로벌 투자에 이러한 개인 자산 운용 서비스를 이용하는 사람이 거의 없다. 그들은 더 큰 성과를 원하기 때문이다.

이러한 신흥 부유층은 투자신탁이나 ETF보다도 '전문가적 능력'을 발휘할 수 있는 글로벌 주식이나 미국 주식의 개별 종목 투자를 선택한다. 이 선택이 부유층뿐 아니라 많은 개인투자자에게도 적합하다고 생각한다.

PART 3

글로벌 투자의
7가지 원칙

· 응용편 ·

●

글로벌 투자의 7가지 원칙 후반전이다. PART 2에 이어 나머지 4가지 원칙을 알아보자.

PART 3에서 소개하는 규칙을 알면 신흥 부유층이 어떤 관점으로 글로벌 투자를 하는지가 보인다. 이 관점을 알면 아직은 부유층이 아닌 개인투자자도 주식 투자에 대한 이해가 깊어지고 나아가 운용 성과가 향상되는 계기가 될 것이라 믿는다.

투자자의 '공통 언어'를 이해한다

미국의 MLB(메이저 리그 베이스볼)에는 다른 나라 프로야구에는 없는 다양한 전문용어가 있다.

OPS(통계학을 활용한 데이터 분석 전술 용어. 타자의 출루율과 장타율을 합친 것), WHIP(투수가 한 이닝에 타자와 사구로 허용한 주자 수를 나타내는 지표. 역시 통계학을 활용한 데이터 분석 전술 용어), 백도어(외각 볼 존에서 스트라이크를 잡는 공) 같은 '공통 언어'를 이해하면 MLB TV 중계가 몇 배나 더 즐거워진다.

마찬가지로 주식 투자에도 투자자들만의 '공통 언어'가 있다. 특히 PER과 PBR이 유명하다.

PER(주가수익비율, Price Earnings Ratio)은 기업 이익 수준에 비해 주가가 싼지 비싼지를 나타내는 지표이며, 주가를 주당순이익(EPS)으로 나눠 구한다. 일본 주식 투자자들은 보통 PER 15배 정도를 평균이라 생각한다. 또 PER이 50배나 60배 등으로 높으면 주당 순이익 대비 주가가 비싸고, 5배나 6배 등으로 낮으면 주당순이 익 대비 주가가 싸다는 등 주가 판단 재료로 활용한다. 알기 쉬 운 까닭에 미국에서도 자주 사용한다.

PBR(주가순자산비율, Price Bookvalue Ratio)은 기업 보유 순자산 대비 주가가 싼지 비싼지를 평가하는 지표이며, 시가총액을 순자산으 로 나눠 구한다. PBR이 높으면 순자산 대비 주가가 비싸다는 의 미고, 낮으면 싸다는 의미다.

또 PBR이 1.0배면 주가와 자산 가치(해산 가치)가 같다고 본다. 이론상으로는 PBR이 1.0배 아래로 떨어지지 않아야 하지만, 일 본 주식에는 PBR이 1.0배 미만인 종목도 많아서 경영 불안 등이 없고 보유 자산의 장부가격과 시가(실제 가격)의 괴리가 적으면 현 재 자산 가치 대비 주가가 싸다고 평가한다.

글로벌 주식이 됐든 미국 주식이 됐든 PER과 PBR에 관심을 가져야 하는데, 이 두 지표 외에 국내 주식에서 소홀히 하는 공 통 언어가 있다. 바로 '잉여현금흐름(FCF, Free Cash Flow)'과 '현금흐름할 인법(DCF, Discounted Cash Flow)'이다.

잉여현금흐름이란, 아주 간단히 말해 기업이 자유롭게 사용할

수 있는 현금을 가리킨다. 기업이 본업을 통해 벌어들이는 이익인 '영업활동현금흐름'과 사업 확장과 관련해 발생하는 '투자활동현금흐름'을 더한 값이다.

전 세계 투자자들은 잉여현금흐름이 계속 증가하는 글로벌 기업은 향후 주가가 상승하리라 예상해 기꺼이 투자한다. 글로벌 기업이 발표하는 정보 가운데 잉여현금흐름 전망에 관한 이야기가 있으면 **향후 성장과 주가 동향을 점치는 중요한 정보**라 판단하고 안테나를 바짝 세우고 잘 기억해야 한다.

잉여현금흐름을 기준으로 기업 가치를 판단하는 방법이 현금흐름할인법이다. 현금흐름할인법은 미래에 창출될 것으로 예상되는 기업의 현금흐름을 현재 가치로 할인해 평가하는 방법이다. 요컨대, **미래에 얼마나 많은 현금을 벌어들일 수 있는지** 예측해 비교하는 것이다.

이때 사용되는 것이 할인율(디스카운트 레이트)이다.

조금 전문적인 이야기를 하자면, 할인율은 일반적으로 기업이 자금을 조달하는 데 드는 비용을 나타내는 **가중평균자본비용 (WACC)** 등을 사용해 계산한다. 장래 예측 확실성이 얼마나 되는지 고려해 얼마나 할인해 평가할지를 정하는 기준이 되며, 섹터

잉여현금흐름(FCF)과 현금흐름할인법(DCF)

잉여현금흐름(FCF)

기업이 자유롭게 사용할 수 있는 현금

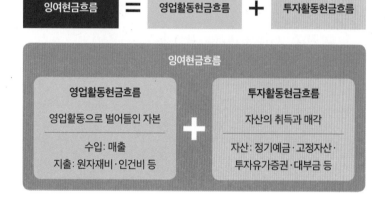

| 잉여현금흐름 | = | 영업활동현금흐름 | + | 투자활동현금흐름 |

잉여현금흐름

영업활동현금흐름

영업활동으로 벌어들인 자본

수입: 매출
지출: 원자재비·인건비 등

+

투자활동현금흐름

자산의 취득과 매각

자산: 정기예금·고정자산·
투자유가증권·대부금 등

현금흐름할인법(DCF)

미래에 발생할 것으로 예상되는 현금흐름을
현재 가치로 할인해 평가하는 방법

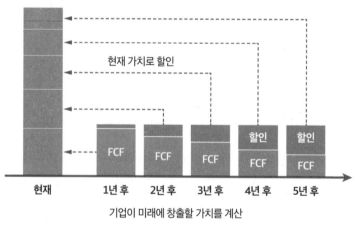

현재 가치로 할인

| 현재 | 1년 후 | 2년 후 | 3년 후 | 4년 후 | 5년 후 |

FCF · FCF · FCF · 할인 FCF · 할인 FCF

기업이 미래에 창출할 가치를 계산

나 기업의 개별적 요인, 그리고 펀드매니저의 실무 내용에 따라서도 달라질 수 있다.

가령 신진기예의 벤처기업은 장래는 유망하지만, 기간이 길어질수록 기대만큼의 현금흐름을 계속 창출하기는 어려울 것이라고 평가받기 쉽다. 따라서 '할인율 20%'라는 평가가 나와도 어쩔 수 없다. 반대로 지금까지 안정적인 현금흐름을 만들어온 실적이 있고 경쟁사 진입 위험이 적은 대기업은 '할인율 5%' 내외의 높은 평가를 받을 수도 있다.

어디까지나 참고 차원에서 현금흐름할인법을 구하는 간단한 공식을 소개한다.

현금흐름할인법 계산 사례

● n년 후의 (할인 현재 가격 = 현금흐름) ÷ $(1 + 할인율)^n$

가령 현금흐름이 100만 엔, 할인율이 20%라면,
2년 후의 할인 현재 가치는
100만 ÷ $(1 + 0.2)^2$ = 69만 4444엔이라고 계산한다.

투자·경영의 최중요 사항 중 하나인 '현금흐름할인법(DCF)'

현금흐름할인법은 응용 범위가 매우 넓은 '공통 언어'다. 기업이나 투자은행이 M&A에 앞서 상대 **기업의 가치를 평가**할 때도 사용한다. 일본의 한 자산관리사는 전체 투자 종목의 할인율을 100년 후까지 산출해놓았다고 한다(100년 동안 같은 비즈니스 모델로 성공할 리 없으므로 어디까지나 탁상공론적인 계산이다).

또 현금흐름할인법은 **어떻게 경영할지에 대한 지침으로도 활용**한다. 현금흐름을 설비 투자로 돌릴지, 자사주를 매입할지, 아니면 주주 배당을 할지, 장기차입금을 늘릴지… 요컨대 장기적으로 돈을 어떻게 쓸지 논의할 때의 토대가 된다.

기업은 대차대조표(B/S), 손익계산서(P/L), 현금흐름표(C/F) 등에 나타나는 현재 재무 상황을 분석해 5년 정도 앞을 내다본 중장기 경영 계획을 세운다. 기관투자자인 애널리스트나 펀드매니저들은 '이 회사의 중장기 경영 계획에 따라 향후 현금흐름이 어떻게 증감할 것이며, 현금흐름할인법을 사용하면 어떻게 평가할 수 있을까? 주가는 어떻게 될 것인가?'를 놓고 토론을 벌인다. 더 나아가 **미국에서는 주주나 개인투자자들도 일반적으로 현금흐름할인법에 기초해 투자나 자본 효율성을 논의한다.** 글로벌 기업 경영자 역시 현금흐름할인법을 매우 당연하고 중요하게 생각한다.

반면 일본에서는 경영자인데도 현금흐름할인법을 잘 모르는 사람이 많다. 일본 기업의 '갈라파고스화'는 이런 점에서도 드러난다.

글로벌 기업과 일본 기업의 차이는 **경영 전문가의 참여 여부**에서도 확연하다.

글로벌 기업은 우수한 경영 전문가를 고액에 고용해 자사의 본질적인 기업 가치와 주가를 높이는 데 도움을 받는다. 유명한 경영 전문가 중에는 쟁쟁한 여러 글로벌 기업을 섭렵하며 거액의 자산을 축적한 사람도 적지 않다. 그런 그들에게 현금흐름할인법은 '경영의 ABC' 같은 기본 중의 기본이다.

특히 재무 전략을 담당하는 CFO(최고재무책임자) 정도 되면, 애널

리스트나 펀드매니저가 어려운 질문을 던져도 구체적인 숫자를 제시하며 논리정연하게 풀어나간다. 모호한 질문에도 핵심을 짚어 깔끔하게 답해주기 때문에, 설명을 듣고 있노라면 감탄이 절로 나오면서 나도 모르게 해당 기업 주식을 사고 싶어질 정도다.

대조적으로 일본 기업에서는 토박이 인재가 사내 활약상을 평가받아 임원이 되거나, 신입사원으로 입사한 뒤 한 번의 전직도 없이 근무하다가 사장이 되는 분위기가 여전하다.

일본 정부는 해외 기업 경영자나 경영 간부의 국내 수용 비율을 두 배 정도 늘려 2030년까지 약 20만 명으로 한다는 목표를 세웠다(2021년 6월 21일자, 니혼게이자이신문). 이 말은 결국 **폐쇄적인 내부 승진을 통해 최고 경영직에 오르는 사람이 대다수**라는 뜻이기도 하다.

경영 경험이 부족한 샐러리맨이 사내 정치 역학에 따라 내부 승진으로 최고 자리에 오르면, 내부 지향이 강해져서 사내 사정을 우선하는 경영을 하기 쉽다. 창업자와 그 일가가 경영에 관여하는 기업이라면 이러한 경향이 더욱 강하다. 이런 기업에서는 잉여현금흐름이나 현금흐름할인법 모두 '공통 언어'가 될 수 없다.

물론 일본에도 글로벌 경영으로 성공한 기업은 많다. 그곳에는 우수한 경영자도 있다. 다만, 다른 나라에 비해 '공통 언어'에 정통한, 안목 있는 해외 투자자들의 마음을 사로잡을 만한 능력을 갖춘 전문 경영인이 이끄는 기업은 상대적으로 적다.

실제로 해외 기관투자자 가운데 평가가 높은 캘퍼스(CalPERS. 캘리포니아주 공무원 퇴직연금기금. 자산 40조 엔이 넘는 미국 최대의 기관투자자)나 5조 엔 정도의 자산을 높은 수익률로 운용 중인 하버드대학기금 등이 기꺼이 투자하겠다고 나서는 일본 기업은 매우 적다.

마지막으로 소개하고 싶은 '공통 언어'가 있다. 바로 **'이론주가(fair value, 공정가치)'**다.

이론주가란, 기업 재무 정보와 이익 예상치를 바탕으로 산출한 '계산상의 적정 주가'를 말한다. **기업 가치가 유지된다면 결국 주가는 장기적으로 이론주가에 수렴함**을 전제로 한다.

주식 시장의 수요와 공급의 균형으로 결정되는 현재 주가와 이론주가의 비교는 중요한 투자 판단 재료 중 하나다. 이를테면 이론주가보다 현재 주가가 낮으면 저평가됐다고 판단해 구매를 고려하는 투자자가 늘어난다.

이론주가 산출 방법은 크게 두 가지로 나눌 수 있다. 첫 번째는 이미 살펴본 '잉여현금흐름'을 기준으로 하는 방법이다. 두 번째는 기업이 배당을 얼마나 하고 있는지를 기준으로 하는 방법

이론주가란?

산출법 ①　　이론주가 = **자산 가치** **+** **이익 가치** **+** **성장 가치**

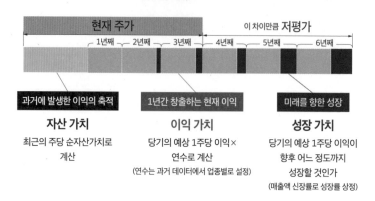

과거에 발생한 이익의 축적	1년간 창출하는 현재 이익	미래를 향한 성장
자산 가치	**이익 가치**	**성장 가치**
최근의 주당 순자산가치로 계산	당기의 예상 1주당 이익× 연수로 계산 (연수는 과거 데이터에서 업종별로 설정)	당기의 예상 1주당 이익이 향후 어느 정도까지 성장할 것인가 (매출액 신장률로 성장률 상정)

산출법 ②　　이론주가 $= \dfrac{\text{배당금}}{\text{기대수익률(자본비용)}}$

이다. 이를 '배당할인모델(DDM)'이라고 한다.

기업 가치 산정법 중 하나인 '배당할인모델'에서는, 투자자가 미래에 받게 될 배당금 전체를 기대수익률(자본비용)로 나눠 이론주가를 산출한다.

글로벌 주식이나 미국 주식의 경우 배당금으로 주주에게 환원하기보다 자사주를 매입해 주가를 올려 환원하는 방식이 일반적이다. 따라서 투자 판단 재료로서 배당금의 중요성은 반드시 높지는 않지만, 내가 세계에서 가장 세련된 자산운용사 중 하나라고 평가하는 에셋매니지먼트회사는 지금도 배당할인모델로 이론주가를 산출하고 있다.

원칙 5

이론을 알고
학술적 근거를 파악한다

다음으로 다룰 내용은 투자 관련 이론을 이해하고 학술적 근거를 파악하는 자세가 매우 중요하다는 점이다. 본격적으로 공부를 시작할 필요는 없지만, 내가 아는 부자들은 **투자를 할 때 이론적 근거를 꼼꼼히 따져보고 납득한 후에 투자**하는 경향이 강하다. 이러한 점은 일반 개인투자자도 본받아야 한다고 생각한다.

이 책에서는 '옵션 거래'처럼 세계적으로 볼 때는 대중적이나 국내에서는 낯선 투자법도 다루고 있다. 옵션 거래는 이론적 근거가 명확한 투자법이지만, 학술적 이해가 부족하면 막연히 '위험하다', '무섭다' 등의 감정이 앞서서 모처럼의 투자 기회나 투자자로 성장할 기회를 아깝게 놓쳐버릴 수도 있다.

뛰어난 투수에게는 '결정구'가 있듯이 앞서가는 투자자에게는 남들보다 탁월한 투자 패턴이 있다. 그것을 스스로 찾아 꾸준히 연마하다 보면 점점 실력이 늘어 큰 자산을 마련할 수 있다.

자신만의 승리 투자 패턴을 찾기 위한 선택의 폭은 넓으면 넓을수록 유리한데, 이 선택지를 넓히기 위해서는 이론 습득도 중요하다.

현대를 살아가는 개인투자자가 최소한 알아야 할 이론은 '**현대 포트폴리오 이론**', '**블랙-숄즈 모델**', '**파마-프렌치 3팩터 모델**' 세 가지다. 세 이론 모두 노벨 경제학상을 받았다.

각 이론의 내용은 책 한 권에 담아야 할 정도로 방대하므로 여기서는 핵심만 간추려 설명하겠다.

● 현대 포트폴리오 이론

현대 포트폴리오 이론은 1980년대 경상수지 적자와 재정 적자라는 '쌍둥이 적자(27쪽 참고)'에 허덕이던 미국이 국내외적으로 쇠락하던 시기에 만들어졌다. '분산 효과'와 '상관관계 효과'라는 두 가지 효과로 이루어졌다.

분산 효과란 **투자자가 여러 자산을 보유함으로써 포트폴리오 전체의 위험을 줄일 수 있다**는 것이다. 분산투자를 하면 더 확실히 기대수익률을 올릴 수 있다.

상관관계 효과란 분산투자한 자산 가격이 서로 영향을 주고받지 않고 독립적으로 움직이게 함으로써 포트폴리오 전체의 위험을 줄일 수 있다는 것이다.

즉, 이 분산 효과와 상관관계 효과를 조합하면 같은 위험에서 기대수익을 최대화(혹은 같은 기대수익에서 위험을 최소화)하는 자산 분배가 가능함을 증명하고 있다. 이를 '효율적(유효) 투자선'이라 부른다. 세로축 '기대수익률', 가로축 '위험'인 그래프의 곡선상에서 가장 위험이 낮은 분산 포트폴리오보다 윗부분을 가리킨다.

무위험자산이 존재할 경우, 무위험이자율과 곡선의 시장포트폴리오를 잇는 직선이 되는데, 이를 '자본시장선'이라고 부른다.

이 곡선이 왼쪽 상단에 있을수록 위험은 낮아지고 수익률은 높아져 보다 효율적인 투자를 할 수 있게 되는 것이다.

다소 이해하기 어려울 수 있지만 앞에서 언급한 글로벌 투자의 두 번째 원칙, 즉 투자 분산 원칙은 이 현대 포트폴리오 이론에 기초하고 있음을 기억해두자.

1950년대, 현대 포트폴리오 이론의 기초를 만들고 위험을 억제하는 효과를 생각해낸 미국의 경제학자 해리 마코위츠 박사

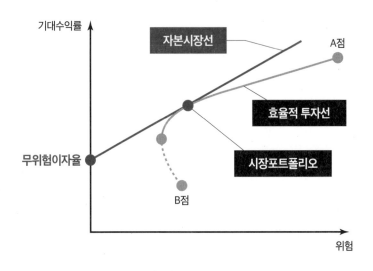

효율적(유효) 투자선 개념도

기대수익률

자본시장선

A점

효율적 투자선

시장포트폴리오

무위험이자율

B점

위험

는 '자산 운용의 안전성을 높이기 위한 일반 이론 형성'의 공로

를 인정받아 1990년에 노벨 경제학상을 수상했다.

수상이 결정됐을 때 그는 강연차 일본에 머물고 있었는데 "노

벨상 상금은 내가 체계화한 이론으로 자산을 운용하는 데 쓰고

싶다"라고 말했다고 한다.

● 블랙-숄즈 모델

블랙-숄즈 모델은 '디리버티브 거래'의 가격을 도출하는 방정

식이다. 디리버티브란 주식·채권·환율 등 기초자산에서 파생 (derivative)된 상품이다. 보통 **'금융파생상품'**이라고 한다.

블랙-숄즈 모델은 금융파생상품 중에서도 옵션 거래의 '옵션 가격' 산정 시 근거로 활용된다. 더 자세히 설명하면, **'기초자산가격'**, **'권리행사가격'**, **'금리'**, **'잔존 기간'**, **'기초자산 예상변동률**(가격 변동 정도)**'**이라는 5가지 변수로 계산한다.

이 모델은 피셔 블랙 박사와 마이런 숄즈 박사가 1973년에 발표한 것으로 두 사람의 이름을 따서 명명했다. 1997년 블랙-숄즈 모델 정립의 공로로 숄즈 박사와 로버트 머튼 박사에게 노벨 경제학상이 수여됐다. 블랙 박사는 이미 세상을 떠난 뒤였고(노벨상은 고인에게는 수여하지 않는다), 머튼 박사는 이 모델 이론에 엄밀한 증명을 부여한 것으로 유명하다.

참고로 블랙-숄즈 모델은 일본인 수학자 이토 기요시 박사의 '이토의 정리'라는 이론에 기초해 탄생했다.

● **파마-프렌치 3팩터 모델**

마지막은 파마-프렌치 3팩터 모델이다.

파마-프렌치 3팩터 모델의 전 단계 이론은 **'자본자산가격결정모델(CAPM)'**로, CAPM은 앞서 설명한 현대 포트폴리오 이론에 기초해 도출된 개념이다. CAPM은 주가 지수에 연동하도록 운용하는 '패시브 운용 펀드'의 전제가 되는 모델이기도 하다.

대표적인 패시브 운용 펀드가 '인덱스 펀드'다. 나스닥 종합지수나 닛케이 평균주가 등의 인덱스(주가 지수) 구성 종목, 또는 대표 종목에 투자해 인덱스에 연동한 주가 변동을 추구한다.

패시브 운용 펀드의 반대편에 있는 것이 펀드매니저가 적극적으로 종목을 선정해 지수를 웃도는 운용 성과를 추구하는 '액티브 펀드'다. 내가 오랫동안 관여해온 펀드이기도 하다. 인덱스 펀드·액티브 펀드 모두 장단점이 있지만, 둘 다 밑바탕에는 CAPM이라는 개념이 있다.

워런 버핏이 **"내가 죽으면 자산의 90%를 S&P500 인덱스 투자신탁에 투자해달라"**라고 (투자 문외한인) 아내에게 유언을 남겼다는 일화는 유명하다.

CAPM의 창시자 윌리엄 샤프 박사는 CAPM 도출을 비롯한 여러 공로를 인정받아 1990년 노벨 경제학상을 받았다.

CAPM을 더욱 발전시킨 이론이 파마-프렌치 3팩터 모델이다. '시가총액 관련 팩터'와 '시가총액 대비 장부가액 관련 팩터'를 추가해 팩터가 총 3개가 되어서 이러한 이름이 붙었다.

3팩터 모델은 최근 인기인 ETF(상장지수펀드)의 이론적 근거가 됐으며 이 모델 성립에 주도적 역할을 한 유진 파마 박사는 2013년에 노벨 경제학상을 수상했다.

'천', '지', '인' 3가지 관점에서 생각한다

세계는 '하늘', '땅', '사람' 세 요소로 구성돼 있다고 보는 관점이 있는데, 나는 투자에서도 이러한 관점이 중요하다고 생각한다.

'하늘'은 거시 경제, 세계 경제 동향을 의미한다. 언론에 나오는 경제 전문가들은 때때로 이 부분을 강조한다.

'땅'은 개별 기업(미시) **사정**이다. 기업에서 발표하는 IR 정보, 주식투자 관련 웹미디어 '민카부', '카부탄', '야후파이낸스'(한국의 경우 '야후파이낸스'를 비롯해 '네이버페이증권', '인베스팅닷컴' 등이 있다-옮긴이) 등의 인터넷 정보에서 얻을 수 있다.

'사람'은 투자자의 투자 실천이다. 하늘(거시)과 땅(미시)을 고려해 개인투자자 각자가 어떻게 행동할지에 대한 부분이다.

개인투자자 대상의 책들은 보통 '하늘', '땅', '사람' 중 '사람'이 어떻게 행동해야 하는가에 초점을 맞춘다. 그래야 비슷비슷한 책들과 차별화할 수 있기 때문이다. 물론 '사람'이라는 요소도 중요하지만, 우선은 '하늘'과 '땅'을 객관적으로 파악하는 자세를 갖춰야 한다.

각각에 대해 자세히 알아보자.

하늘(거시)**은 개별 종목 이외 요인**이다. 경제 정세 변화나 전체 주식 시장 동향에 따라 실적·주가가 변하는 것을 의미한다. 예를 들어 2012년 11월 일본 아베 정권이 대규모 금융완화를 위해 아베노믹스라는 경제 정책을 추진하자 닛케이 평균주가가 V자로 회복하고 상당수 종목의 실적과 주가가 일제히 상승했다. 반대로 2020년에는 코로나라는 강타를 맞아 거의 모든 종목의 실적과 주가가 일시적으로 하락했다. 이러한 현상은 모두 하늘(거시) 요인 때문이다.

땅(미시)**은 종목 고유의 요인**이다. 각 기업이 노력해 새로운 상품·서비스를 개발하고 대중의 인기를 얻으면 실적이 오르고 주가가 상승한다. 반대로 사운을 걸고 개발한 새로운 상품·서비스가 크게 실패해 실적이 악화하면 주가도 떨어진다.

투자 종목 주가가 하락했을 때 그것이 새로운 상품·서비스의 불발로 인한 종목 고유의 미시적 요인 때문인지, 아니면 시장 전체가 하락하는 거시적 요인 때문인지 명확히 구분하기란 매우 어렵다. 따라서 **거시적 관점·미시적 관점을 구분해서 생각해보아야 한다.**

거시적 요인으로 실적이나 주가가 곤두박질쳤어도, 그것이 코로나 사태나 러시아의 우크라이나 침공 같은 일시적 요인 때문이라 추정되고 미시적 요인은 여전히 문제가 없다면 그 종목은 장기적으로 볼 때 '절호의 매수 타이밍'이 된다.

반대로 코로나 사태로 단행된 초강력 완화 정책, 즉 거시적 요인으로 돈이 과잉 공급된 결과 갈 곳을 잃은 돈이 주식 시장으로 흘러들어 주가가 상승하기도 한다. 주가 상승 원인이 오로지 거시적 요인 때문이라면 이럴 땐 차라리 이익을 확정하는 게 현명할 수도 있다.

실적과 주가 등락을 거시적 관점·미시적 관점으로 구분해 파악하는 습관을 들이면 투자 정확도가 높아진다.

거시적 요인 - 미국의 금리·물가·고용에 주목

거시적 요인에는 여러 가지가 있지만, 가장 주목해야 할 사항은 세계 경제의 중심인 미국의 경제 동향이다.

"미국이 재채기를 하면 세계는 감기에 걸린다"라는 말이 있듯이 미국의 동향을 주시하면 그에 따른 국내의 경제 동향도 예측 가능하다. 미국 증시가 하락하면 국내 증시도 하락할 가능성이 크고 미국 증시가 상승하면 국내 증시도 상승할 가능성이 크다.

비단 국내 경제만이 아니다. 미국이 전 세계 경제에 미치는 영향력은 워낙 커서 글로벌 기업의 실적과 주가도 미국의 거시적 요인에 좌우되기 일쑤다.

미국의 거시적 요인은 여러 가지가 있지만, 알기 쉽게 세 가지만 집중적으로 살펴보자. 바로 '①금리', '②물가', '③고용'이다.

①금리는 **미국의 장기금리**(10년 만기 국채 금리) **수준**이 가장 중요하다. 앞으로 오를지 내릴지 방향성 판단도 필요하다. 더불어 장기금리와 단기금리의 차이(이를 '**장단기 금리 스프레드**'라 한다)에도 주목하자. 향후 경기 흐름을 나타내는 지표이기 때문이다.

원래는 단기금리 수준이 장기금리보다 낮아야 하지만(정기예금에서도 단기금리보다 장기금리가 높듯이), **단기금리가 장기금리를 웃도는 '수익률 역전'이 발생하면, 그로부터 반년에서 1년 후에 경기 침체에 빠지는 경향이 있다**고 한다. 왜냐면 단기금리 급등은 과도한 금융 불안이나 정책 변동 때문에 일어나는 경우가 많기 때문이다. **대표적인 수익률 역전 사례는 '3개월짜리 미국 재무부 단기 증권' 금리가 '10년 만기 국채' 금리를 초과하는 것**이다.

기준금리를 움직이는 곳은 각국의 중앙은행, 즉 한국에서는 한국은행, 일본에서는 일본은행, 미국에서는 FRB(연방준비제도이사회), 유럽권에서는 ECB(유럽중앙은행)이다. 이 중앙은행이 금리를 조정하는 데 기준이 되는 지표가 다음에 설명할 ②물가와 ③고용 상황이다.

②물가에서는, 미국 상무부가 매월 말 공표하는 미국의 '**개인소비지출**(PCE) **디플레이터**', '**소비자물가지수**(CPI)'가 가장 이해하기 쉽

고 FRB도 중요하게 생각하는 물가 지표다. 두 지표는 미국의 개인소비 물가 동향을 보여준다. 세계 1위를 자랑하는 미국 GDP의 약 70%는 개인소비가 차지하고 있다.

③고용에서는 **'임금 증가율'과 '실업률'**을 중시한다. 미국 노동부 노동통계국이 매월 첫 번째 금요일에 공표하는 고용 통계를 통해 '취업자수', '평균 시급', '실업률' 등을 확인할 수 있다.

실업률이 줄고 임금이 상승하면 소비할 수 있는 돈이 늘어나 경기가 좋아진다. 반대로 실업률이 오르고 임금도 늘지 않으면 소비가 얼어붙어 금융완화 정책이 추진될 수도 있고, 그러면 거시적 관점에서 주가 상승을 점치는 목소리도 커진다.

지금까지 소개한 미국의 ①금리, ②물가, ③고용 관련 정보는 인터넷 검색이나 경제 정보 프로그램 등을 통해 어렵지 않게 구할 수 있다.

미시적 요인 – 순이익과 현금흐름으로 '종목 분석'

다음은 미시적 요인에 대해 알아보자.

유럽에 거점을 둔 글로벌 주식이라면 **'순이익'과 그로 인해 발생하는 '현금흐름'의 평균 성장률**에 주목한다.

시장 전체 평균이나 동일 섹터 평균과 비교했을 때, 순이익과 현금흐름의 최근 5년간 평균 성장률이 높아졌다면 주가도 성장할 것으로 예상돼 투자 대상 후보로 부상할 것이다.

EPS(주당순이익)를 중시하면 기업의 자사주 매입이 잦아져 장기적으로는 성장주 투자에 소홀해질 우려가 있어서, 긴 안목으로 경영하는 경우가 많은 유럽 기업에서는 주당순이익보다 '순이익'에 주목하는 경우가 많다.

단 '무엇을 중시할 것인가?' 하는 관점은 기업이 어느 단계에와 있느냐에 따라서도 달라진다. 어느 정도 성숙한 기업이라면 '이익 수준'이나 '이익률'을 중시하지만, 아직 젊은 신진기업이라면 '매출 성장'을 더 중요하게 생각한다.

신흥국 기업 역시 매출 성장을 중시하지만, 신흥국은 선진국보다 정치와 기업 간 연결고리가 강하고, 더군다나 정국이 불안정한 경우가 많아서 매출의 질과 지속가능성도 중요하게 본다.

미국 주식 위주로 투자하는 투자자 상당수는 주로 각 종목의 PER(주가수익비율)을 먼저 본다.

현재 S&P500 주가 지수의 PER은 평균 22배 정도다. 한창 성장 중인 첨단 기술 기업이나 텐배거(10배주)를 목표로 하는 기업의 PER은 더 높기도 하고, 적자 결산 때문에 '해당 없음'이라고 적혀 있는 종목도 많긴 하지만, 어쨌든 PER은 기업을 평가하는 하나의 기준이다.

기본적으로는 PER이 22배보다 높으면 기업 수익 대비 주가가 고평가됐고, 22배보다 낮으면 기업 수익 대비 주가가 저평가됐다고 본다.

또 최근 5년간 PER 추이를 확인해 상승세인지 하락세인지도 파악해둬야 한다. 노멀라이즈PER(평상시의 PER)보다 낮은 수치에서 움

직인다고 판단되면 좀 더 적극적으로 매수를 검토하는 게 좋다.

미국 주식에서 다음으로 살펴봐야 할 지표는 **EPS**(주당순이익)이다. EPS는 당기순이익을 총 발행 주식 수로 나눈 값이다. 투자자가 받을 수 있는 1주당 배당금의 기준이 되는 이익을 나타낸다.

EPS가 높으면 투자자에게 인기가 많아져 단기적으로는 주가 상승을 기대해볼 만하다. 프로야구나 축구 리그 감독들이 팀 순위를 신경 쓴다면, 미국 기업의 사장과 CFO(최고재정책임자)는 EPS가 얼마나 증가하는지를 신경 쓴다. EPS 성장률에 따라 자신들의 보너스와 스톡옵션(신주예약권) 수준이 결정되기 때문이다.

EPS 평가가 긍정적이라면, **전년 동기 대비 매출이 5% 이상 늘어 EPS가 10% 이상 증가한** 상황이다. 이런 기업의 주가는 일반적으로 연 7~8% 정도 상승한다.

EPS가 3년 넘게 20% 이상 꾸준히 성장하고 있다면, 이 기업은 이제 명실상부한 성장기업이며 투자자로부터 '성장주'라는 평가를 받는다. 주가도 오르고 경영진도 분명 높은 평가를 받을 것이다.

그래서 사실 미국 기업에서는 EPS 조정 압력이 높다. 자사주 매입을 하면 EPS가 개선되기 때문에 자본 조달(차입)을 해서라도 자사주를 매입하려고 하는 경영진도 있다.

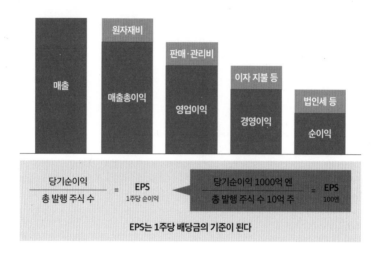

기업 이익 판단법

매출 / 매출총이익 / 영업이익 / 경영이익 / 순이익

원자재비 / 판매·관리비 / 이자 지불 등 / 법인세 등

$$\frac{당기순이익}{총 발행 주식 수} = \text{EPS} \atop \text{1주당 순이익}$$

$$\frac{당기순이익 1000억 엔}{총 발행 주식 수 10억 주} = \text{EPS} \atop \text{100엔}$$

EPS는 1주당 배당금의 기준이 된다

　장래에 대비한 설비 투자 목적의 자본 조달이라면 이해하겠지만, 경영자로서의 실력을 평가받는 4분기를 무사히 넘기는 데만 급급한 나머지 EPS가 시장 예상치를 웃돌아 주가가 상승하는 것에만 온 에너지를 쏟는 경영자도 있을 정도다.

　나는 유럽의 최고경영자들이 미국 기업의 이러한 공격적이고 일시적인 경영 방식을 냉소적으로 바라보고 있다는 느낌이 든다. 미국 기업의 경영 문화는 '누가 뭐라든 성장이 우선'인 것이다.

자사주 매입으로 주가만 올랐을 뿐 사업체로서는 전혀 성장하지 않은 기업도 있으므로 표면적인 주가에 현혹되면 안 될 때도 있다. 이를 조심해야 한다.

원칙 7

투자 기법을 '고도화'한다

글로벌 투자를 할 때는 장기 운용을 버틸 만한 '견고한 투자 원칙'이 필요하다. 그것이 바로 원칙 6에서 다룬 '천', '지', '인'적 관점에 입각한 투자다.

마지막 원칙은 투자 기법의 '고도화'다. 여기서의 '고도화'란 투자 이론이나 기법을 참고하면서 **자신만의 승리 패턴을 꾸준히 업그레이드해 신선도를 유지하는 것**이다. 장기 투자가 전제라고 해서 투자 내내 투자 기법을 전혀 바꾸지 않아도 되는 건 아니다.

이미 소개한 세 가지 투자 이론에 비추어볼 때, 20세기까지의 투자 기술에 비해 21세기의 투자 기술은 훨씬 더 '고도화'되었다. 특히 '자산 형성 피라미드®'의 2단계 '적극적 투자'와 3단계 '매우 적극적 투자'에서는 투자 기법 '고도화'가 필요하다.

이를 위해 중요한 세 가지 방법에 대해 알아보자.

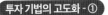
투자 기법의 고도화 - ①

옵션 거래(제3의 이익 획득 수단)

보수적 투자로 토대를 만들었다면 그 위에 적극적 투자를 쌓는 것이 효과적인데, 투자 기법 고도화를 위해 가장 먼저 추천하고 싶은 기법이 있다.

바로 '정해진 날짜(만기)'에 '정해진 가격(권리 행사 가격)'으로 주식이나 채권을 팔 권리·살 권리를 매매함으로써 향후 가격 변동에 대비한 '보험'처럼 활용할 수 있는 **옵션 거래**다.

앞에서 여러 번 언급했듯이 주식 투자로 수익을 내는 방법은 크게 배당금 등에 의한 '인컴게인'과 주가 상승으로 인한 '캐피털게인' 두 가지가 있다. 여기에 더해 제3의 이익 획득 수단이라 할 수 있는 게 옵션 거래로 얻는 **옵션 가격**이다. **'인컴게인+캐피털게인+옵션 가격'**이라는 3중 수익 구조를 구축하면 투자 효율이 높아진다.

주식 옵션 거래는 일본에서는 불과 10여 년 전에 시작된 반면, 미국에서는 역사가 오래됐다(한국은 주가 지수 옵션 거래가 1997년에 시작됐고, 2002년 1월에 개별 종목 주식 옵션 시장이 개설됐다-옮긴이).

"현금 수입을 얻기 위한 세계에서 가장 뛰어난 전략 중 하나"(나스닥 웹사이트)라든가 **"현존하는 가장 위대한 전략 중 하나"**(다우존스사 발행 금융정보지 〈배런즈〉)라는 등 평가가 높다.

앞서 언급했듯이 옵션 거래는 디리버티브(금융파생상품)의 일종이다. 디리버티브나 금융파생상품이라는 말을 들으면 '투기의 일종 아냐?' 하고 경계하는 사람도 있지만, 일본 엔화로 달러를 사는 외환 거래 현장에서도 금융파생상품은 매우 일상적으로 사용된다.

창구에서는 그 자리에서 바로 달러로 바꿔주지만, 금융기관에서 엔화-달러 교환이 이루어지는 시점은 이틀 후다. 이때 일본과 미국의 금리 차이를 이용해 금융파생상품 거래를 한다.

일본 투자자 중에는 '옵션 거래는 위험하다'고 오해하는 사람도 있는 듯하다. 일본에서 '옵션 거래=위험하다'라는 꼬리표가 붙게 된 계기는 2011년 동일본대지진으로 발생한 하락장이었다. 옵션 거래를 하던 히마와리증권이 레버리지를 과도하게 사용하다 큰 손실을 입는 바람에 증권 사업을 접을 지경에 이르게 됐는데, 이 사건이 하나의 계기가 됐다.

레버리지를 사용하지 않고 현물 보유도 괜찮다고 여겨지는 종목에 한해 옵션 거래를 한다면, **옵션 거래는 위험을 줄이면서 높은 수익을 기대할 수 있는 안전한 투자법**이다.

코로나 감염 확대가 한창일 때 선진국에서는 꽁꽁 얼어붙은 소비를 끌어올리기 위해 현금을 마구 뿌렸다. 미국에서는 트럼프 정권과 그 뒤를 이은 바이든 정권에서 많은 재난지원금을 지급했는데 그 금액이 3,200달러(1인당 최대 지급액)였다. 1달러=1,300원이라고 계산하면 416만 원 정도다.

미국에서는 젊은 개인투자자를 중심으로 이 지원금을 옵션 거래에 사용한 사람이 적지 않다고 한다. 그만큼 미국인에게 옵션 거래는 친숙한 투자법이다.

우리는 초등학교에서 구구단을 배웠고 사칙연산 정도는 간단히 푼다. 수학이 아니라 **산수 정도의 능력만 있으면 옵션 거래는 충분히 이해할 수 있다.** 투자 기법의 '고도화'라고 말은 했지만, 사실 그다지 높은 벽은 아니다.

당신이 만약 미국에서 태어나 평범한 회사원으로 살았다면 아마 일상적으로 옵션 거래를 하지 않았을까? 다시 한번 말하지만, 그만큼 옵션 거래는 미국인들에게 친숙한 존재다.

옵션 거래는
보험료(옵션 가격) 거래

그렇다면 여기서 옵션 거래의 본질을 최대한 간단히 설명해보
겠다.

당신이 '주식 투자에서 가장 싫어하는 것'은 무엇인가?

아마 많은 사람이 '주가 하락'이라고 답할 것이다. 주가가 우상
향 곡선을 그리며 꾸준히 상승하면 만만세지만, 안타깝게도 천
하의 우량 종목이라도 하락 국면은 반드시 온다. 약간의 하락은
견딜 수 있지만, 만약 폭락이라면 투자 심리가 급속도로 얼어붙
는다. 그리고 "욕심부리지 말고 상승세일 때 매도해서 이익 실현
을 해둘걸…" 하고 후회하기 마련이다. 그런데 사실은 **이러한 불
안을 해소해주는 것이 옵션 거래의 본질이며 주가 폭락에 대비하는 '보
험' 역할**도 한다.

투자자라면 누구나 자신이 보유한 종목이 승승장구하길 바란

다. 그러나 한편으로는 폭락 위험이 있다는 사실도 잘 알고 있다. 그런데 이럴 때 '보험설계사'가 나타난다면 투자자는 어떤 생각을 할까?

"주가가 폭락하면 보유 중인 종목을 폭락하기 전 주가로 매입해드리겠습니다. 주가가 떨어졌을 때를 대비한 보험을 제공할 테니 대신 보험료(옵션 가격)를 내세요."

이 **보험설계사가 바로 옵션 거래를 하는 당신 자신**이다.

주가 하락으로 큰 손해를 보고 싶지 않은 투자자에게는 최고의 제안이지 않을까? 보유 종목이 크게 하락하면 하락하기 전 가격으로 매입해주겠다니, 보험료(옵션 가격)를 지불하더라도 보유 중인 주식에 보험을 들겠다는 사람이 많을 것이다.

보험료 수입을 원하는 보험설계사(=당신)는 주가가 폭락하면 폭락 전 주가로 매수해야 하는 의무가 생긴다. 어찌 됐든 주가 하락으로 큰 손실을 입고 싶지 않은 투자자와 보험료(현금 수입)를 원하는 보험설계사(=당신) 사이에 거래가 성립한다.

예를 들면 다음과 같다.

"두 달 안에 A종목 주가가 95달러 이하로 떨어지면, 주가가 아무리 많이 떨어져도 95달러에 A종목을 매수하겠습니다. 그 대신 나에게 보험료(옵션 가격)로 500달러를 주세요." **보험설계사=당신**

"두 달 안에 A종목 주가가 95달러 이하로 내려가면 주가가 아무리 떨어져도 A종목을 95달러에 매수해주십시오. 그 대신 보험료(옵션 가격)로 500달러를 낼게요." **투자자**

사고 싶던 주식이
올랐을 때를 대비한 '보험'

다음으로, 폭락 말고도 주식 투자에서 가장 피하고 싶은 상황은 '사고 싶던 주식이 오른' 경우가 아닐까? 옵션 거래는 이러한 '주가 상승에 대비하는 보험'이기도 하다.

가까운 미래에 B종목의 주가가 계속 오른다면 상승 전 가격으로 매수하고 싶어질 것이다. 그러나 앞으로 주가가 어떻게 될지는 아무도 모르고, 아무리 기다려도 주가가 오르지 않는다면 사고 싶은 마음도 점점 사라질 것이다. 이때 옵션 거래가 등장한다.

보험설계사(=당신)는 "주가가 급상승하면 내가 가지고 있는 B종목을 급상승하기 전 싼 가격에 팔게요. 즉 주가 상승 기회를 놓치지 않을 보험을 제공해드리겠다는 말입니다. 그 대신 보험료(옵션 가격)를 내세요"라고 거래를 제안한다.

이 제안을 듣고 투자자 중에는 **"앞으로 B종목 주가가 오른다면 꼭 갖고 싶어요. 주가가 오르면 오르기 전 가격으로 팔아주세요. 그 대신 보험료(옵션 가격)를 지불할게요"**라는 사람도 있을 것이다.

이에 보험설계사(=당신)는 "보험료(옵션 가격)를 내세요. 단 주가가 상승하면 상승하기 전 싼 가격으로 B종목을 팔게요"라는 거래를 제안한다.

이를테면 다음과 같다.

"세 달 안에 B종목이 110달러 이상이 되면 주가가 아무리 올라도 110달러에 B종목을 팔겠습니다. 대신 나에게 보험료(옵션 가격)로 300달러를 주세요." 보험설계사=당신

"세 달 안에 B종목이 110달러 이상이 되면 주가가 아무리 올라도 B종목을 당신한테 110달러에 살 거예요. 대신 보험료(옵션 가격)로 당신에게 300달러를 줄게요." 투자자

이러한 옵션 거래로 어떻게 투자 효율을 높일 수 있을까? 구체적인 방법은 PART 4에서 소개하겠다. 여기서는 우선 옵션 거래에 대해 다음 세 가지 사항을 기억해두기 바란다.

옵션 거래에서 기억해둬야 할 핵심 세 가지

◆ 옵션 거래는 인컴게인과 캐피털게인에 이은 제3의 수익원이다.

◆ 옵션 거래는 주식이 아닌 보험료(옵션 가격)를 현금으로 주고받는 형태라고 생각하면 이해하기 쉽다.

◆ 주식을 사고 싶은 가격과 팔고 싶은 가격을 의식하면서 옵션 거래를 활용하면 복합적인 수익을 노릴 수 있을 뿐 아니라 시장 하락 국면에서도 높은 효과를 발휘한다.

트레일링 스탑과 DRIP

다음으로 소개할 고도의 투자 기법은 '트레일링 스탑'과 'DRIP' 이다. 처음 들어보는 분도 많을 테니 알기 쉽게 설명해보겠다.

트레일링 스탑이란, 주가 상승에 발맞춰 '역(逆)지정가' 가격을 자동으로 올림으로써 손실 확정 가격 수준을 높이는 기능이다. 즉 **위험을 줄이면서 주식 매도 타이밍을 놓치지 않게 해주는 기법**인 셈이다.

트레일링에는 '뒤쫓다, 추격하다'라는 의미가 있다. 주가 상승 추이를 이익 실현 조건이 '추격'하면서 위험은 줄이고 수익은 극대화한다.

예를 들어 '100달러 하는 종목이 75달러로 떨어지면 판다'는 역지정가 주문을 했다면, 주가가 상승세로 바뀌어 150달러나 200달러가 되면 팔 수 없어서 캐피털게인을 획득할 기회를 놓치

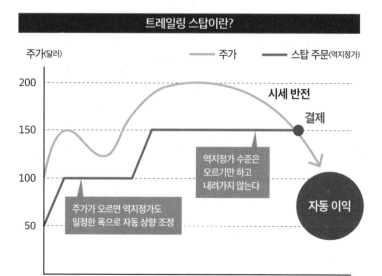

고 만다. 그래서 주가가 어느 정도까지 오르면 거기서부터 주가
가 하락세로 바뀌는 시점에서 한 번 이익 실현을 함으로써 수익
을 확보하자는 게 트레일링 스탑의 개념이다.

한 번 오른 주가가 25% 하락하면 매도하기로 트레일링 스탑
역지정가 주문을 냈다고 가정해보자. 증권회사에 따라 자동 설
정 기능이 있는 곳과 없는 곳이 있는데, 이용하는 증권 계좌에
설정 기능이 없더라도 이 개념을 이용해 정기적으로 직접 역지

정가 주문 값을 변경하면 된다.

100달러인 종목이 200달러까지 올랐다면 마이너스 25%는 150달러다. 200달러일 때 팔지 못했다 해도 트레일링 스탑으로 150달러 지점에서 이익 실현을 했다면 50달러의 캐피털게인을 얻을 수 있다.

200달러 지점에서 이익 실현을 하는 게 가장 좋지만, 주가가 어디까지 오를지는 아무도 알 수 없다. 200달러에서 150달러까지 하락해서 상승세가 끝난 지점에서 이익 실현을 할 수 있었으니 투자로서는 일단 성공적이다.

한편 DRIP은 '배당 재투자 계획'을 뜻한다. 배당금 재투자는 복리로 자산을 크게 늘리기 위한 철칙이다. 보통은 현금으로 받아 그것을 직접 재투자하지만, DRIP을 이용하면 보유 주식 배당금을 현금으로 받지 않고 자동으로 재투자한다.

배당금은 세금 공제 후 그대로 주식 추가 매입에 사용된다. 최저 단위 주식(글로벌 주식이나 미국 주식에서는 1주)을 사기에 부족한 경우, 최저 단위 주식 미만의 단주(端株)를 사서 보충하고 매매 수수료도 들지 않는 구조다.

미국 증권회사 대부분은 DRIP을 도입하고 있다. 한국이나 일본의 증권회사에는 아직 도입되지 않았지만, 일부 외국계 증권사에서는 DRIP을 활용할 수 있다. 단, 일본의 모넥스증권은 해외 주식 거래 계좌에서 DRIP과 비슷한 '배당금 재투자 서비스'를 제공하고 있다. 배당금을 받은 후 원천징수한 금액으로 재투자하는 서비스다.

SPAC(기업인수목적회사)

부유층이 주목하는 투자 대상 중 하나가 미국 시장에서 급증하고 있는, 앞에서도 언급한 바 있는 SPAC이다. SPAC을 활용하면 갓 창업한 비상장기업도 주식 시장에 상장할 수 있어서 IPO(기업공개)와 마찬가지로 활용되고 있다.

미국 외에 영국(런던증권거래소), 독일(프랑크푸르트증권거래소), 프랑스(유로넥스트 파리), 캐나다(토론토증권거래소), 한국(한국거래소) 등에서도 SPAC 상장이 가능하다.

미국에서는 2020년 이후 SPAC을 통한 IPO가 잇따르고 있다. 2021년에는 IPO가 전체적으로 전년 대비 2배가 증가해 처음으로 1,000개사를 넘었다. 그 배경에는 주가 상승세와 더불어 SPAC의 존재가 크게 작용한 것으로 보인다.

2021년 SPAC 상장 건수는 총 613건으로 전체 IPO의 63%에 이르

는 등 최근에는 IPO의 절반 이상을 SPAC이 차지하고 있다.

현재 일본 시장에서는 SPAC 상장이 불가능하지만(한국은 2010년
부터 SPAC 제도를 시행하고 있다-옮긴이), 일본 정부의 성장전략실행계획
에서는 스타트업 기업의 창출과 성장을 지원하기 위한 시책 중
하나로서 SPAC을 언급하고 있다. 조만간 일본 시장에도 도입되
리라 본다.

일본 정부의 성장전략실행계획에서는 SPAC을 활용한 스타트
업 상장 흐름을 다음과 같이 정리하고 있다.

① 우량 기업 발굴 능력을 갖춘 운영자가 SPAC을 설립한다.
② 운영자는 SPAC을 주식 시장에 상장해 첫 번째 자금 조달을 한다.
③ SPAC 상장 후 운영자는 인수 대상 스타트업 후보를 선정하고 인수 협
   상을 진행한다.
④ 운영자는 SPAC 주주 총회에서 기업인수를 제안하고 주주(일반 투자자 포
   함) 승인을 받는다.
⑤ 상장을 통해 일반 투자자에게 조달한 자금은 신탁해야 하며, 일반 투자
   자가 인수에 반대하면 자금을 반환받을 수 있는 등 투자자 보호 장치가
   마련돼 있다. 또 인수가 진행되면 기관투자자 등으로부터 추가 자금 조
   달이 이루어진다.
⑥ SPAC에 인수되면 스타트업은 상장 기업이 된다.

SPAC 자체는 상장 시점에서는 아무런 사업도 하지 않는 '페이퍼컴퍼니'다. 즉 아무 내용물이 없는 '빈 상자'인 셈이다. 실제로 '껍데기 상장'이라 불린다.

알맹이 없는 SPAC 모두가 기업인수에 성공하는 것은 아니다. 아무것도 채우지 못하고 텅 빈 상자로 남는 등 헛수고로 끝날 위험도 있다. 그러나 그런 위험을 감수하고서라도, SPAC에 투자할 가치는 있다. 말하자면 복권을 사는 것 같은 '매우 적극적인 투자'다.

복권에 당첨되지 않았다고 불평하는 사람이 없듯이 '성공하면 대박'이라 생각하고 SPAC 투자를 하는 사람이 많은 듯하다. 투자가 수포로 돌아가면 돈은 돌아오지 않지만, 돈을 더 잃을 일도 없다.

단 2022년부터는 분위기가 확 바뀌어서 미국에서 SPAC을 통한 IPO가 급감하고 있다. 미국 증권거래위원회(SEC)의 게리 겐슬러 위원장이 투자자 보호 차원에서 SPAC의 정보 표시 강화를 언급한 영향도 있는 듯하다.

향후 SPAC을 둘러싼 일본 국내외 상황이 어떻게 될지는 꽤 유동적이다. 애당초 위험이 높은 거래인 만큼, SPAC 상황을 철저히 파악한 후 신중하게 투자 판단할 필요가 있다.

PART 4

'자산 형성 피라미드®'로 자산 쌓기

단계별로 자유롭게
피라미드를 만든다

나는 한창 성장하고 있는 신흥 부유층 고객에게 3단계로 자산을 축적하는 '자산 형성 피라미드®'를 제안한다. '자산 형성 피라미드®'는 앞서 PART 2의 원칙 3에서도 다뤘는데 다음에 나오는 그림처럼 3층으로 이루어졌다.

부유층 미만, 즉 금융 자산이 적은 단계일 때부터 3단계 '매우 적극적 투자'에 뛰어들 필요는 없다. 3단계는 큰 수익이 기대되는 반면, 자산을 잃을 위험도 크기 때문이다.

자산이 적고 경험도 별로 없는 단계에서 고위험 투자에 무리하게 뛰어들었다가는 수중의 여윳돈이 크게 줄어 시장을 떠나야 할 수도 있다.

그럼 어떻게 해야 할까? 여기서는 부유층 미만의 개인투자자를 염두에 두고 '자산 형성 피라미드®'를 유연하게 활용하는 방

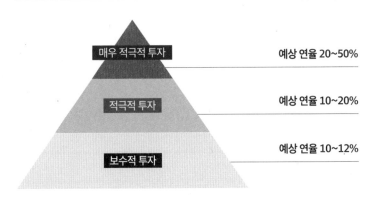

3단계 축적이 목표인 '자산 형성 피라미드®'

매우 적극적 투자 — 예상 연율 20~50%

적극적 투자 — 예상 연율 10~20%

보수적 투자 — 예상 연율 10~12%

※ 예상 연율은 기준 제시 차원에서 기재했을 뿐, 투자 경험과 자산 계획을 감안해 본인에게 맞는 수준을 설정하면 효과적으로 자산을 축적할 수 있다.

법을 알아보자.

구체적으로는 다음에 나올 박스에 제시한 것처럼 **여유 자금에 맞게 세 단계로 나눠서 '자산 형성 피라미드®'를 활용한다**(100만 엔 미만부터 시작해 단계적으로 자산을 늘려간다는 설정인데, 이미 100만 엔 이상의 자산을 보유하고 있는 사람은 그 금액에 맞는 단계부터 시작하면 된다).

또다시 강조할 필요도 없겠지만, 글로벌 투자뿐 아니라 주식 투자에 할애하는 돈은 잃어도 생활에 지장이 없는 금액이어야 한다. 잃으면 생활에 악영향을 미치는 돈은 주식 투자에 사용하지 않아야 함이 대원칙이다.

● **1단계** │ **여유 자금 100만 엔 미만 ➡ 보수적 투자만**

여유 자금이 100만 엔 미만인 단계에서는 피라미드의 토대를 크고 두텁게 하는 작업이 먼저다.

주식 투자에서는 기초자산인 '종잣돈'이 많을수록 투자 효율이 높아지므로, 금융 자산이 100만 엔을 넘을 때까지는 최대한 생활비를 절약해 종잣돈 마련에 집중하면서 철저히 보수적 투자에 전념한다. **만약 50만 엔을 연율 12%로 복리 운영하는 데 성공했다면 6년 차에는 자산이 100만 엔에 가까워져** 다음 2단계로 넘어갈 수 있을 것이다.

그러기 위해서는 주식 투자 외에도 고정비를 조정해 절약한 돈으로 종잣돈을 불리는 방법도 함께 고민해야 한다.

부유층은 돈 씀씀이가 크고 낭비벽이 심하다고 생각하는 사람이 있을지 모르나, 내가 아는 한 실제로는 정반대다. 특히 신흥 부유층은 불필요한 곳에 돈을 쓰지 않는다. 오히려 낭비를 꺼리는 알뜰한 타입이 많다.

여유 자금이 별로 없는 동안에는 투자로 얻은 수익도 포함해 생활비를 절약해서 기초자산을 마련해야 이후의 투자가 효과적으로 흘러간다.

의식주에 불필요한 소비, 줄일 수 있는 소비가 있다면 재검토해서 이를 투자 밑천으로 돌려보자. 월세가 저렴한 곳으로 이사하거나, 휴대전화 요금제를 낮추거나, 보험료를 재검토하는 것만으로도 매월 수만 엔을 절약할 수 있다. 가령 매월 2만 엔을 절약했다면, 1년이면 24만 엔이 된다. 비록 지금은 저축이 제로일지라도 4년 후에는 100만 엔을 모을 수 있다.

● 2단계 | 여유 자금 100만 엔 이상 500만 엔 미만 ➡ 보수적 투자 + 적극적 투자

여유 자금이 100만 엔을 넘으면 '보수적 투자' 위에 '적극적 투자'를 올려보자. 분산투자 비율은 '보수적 투자:적극적 투자=1:1'이 기준이다.

분산투자의 예를 제시하면 다음과 같다.

여유 자금 200만 엔

➡ 보수적 투자 100만 엔(4만 엔×25종목)+적극적 투자 100만 엔(4만 엔×25종목)

여유 자금 300만 엔

➡ 보수적 투자 150만 엔(6만 엔×25종목)+적극적 투자 150만 엔(6만 엔×25종목)

여유 자금 400만 엔

➡ 보수적 투자 200만 엔(8만 엔×25종목)+적극적 투자 200만 엔(8만 엔×25종목)

여유 자금 500만 엔

➡ 보수적 투자 250만 엔(10만 엔×25종목)+적극적 투자 250만 엔(10만 엔×25종목)

보수적 투자든 적극적 투자든 **25개 종목에 고르게 투자하는 것이 기본**이다.

어디까지나 기준일 뿐이므로 앞의 예시를 참고해 각자의 방식대로 조정해보기 바란다.

최대한 위험을 감수하고 싶지 않다면, '**보수적 투자:적극적 투자 =6:4 또는 7:3**'으로 해서 보수적 투자를 더 많이 해도 좋다.

물론 보수적 투자 비율이 커지면 기대 가능 수익은 아무래도 적어진다. 따라서 투자 경험을 쌓으며 위험 허용치를 서서히 높여서 언젠가는 '보수적 투자:적극적 투자=1:1'로 투자할 수 있도록 한다.

만약 위험이 다소 높아도 괜찮다면, '보수적 투자:적극적 투자
=1:1'부터 시작해서 서서히 적극적 투자를 늘려가다가 **보수적 투
자:적극적 투자=4:6**'으로 조정해보는 것도 좋다. '수익이 더 많았
으면 좋겠어!'라고 생각하는 사람은 적극적 투자의 비율을 더 늘
려도 좋지만, 너무 욕심을 부리면 실패 위험도 커지므로 초기에
는 4:6으로 상한선을 정해두기 바란다.

● **3단계** | 여유 자금 500만 엔 이상 ➡ **보수적 투자 + 적극적 투자 +
매우 적극적 투자**

아직 자산 규모가 넉넉하다고는 할 수 없지만, 이 단계가 되면
부유층과 마찬가지로 '자산 형성 피라미드®'를 참고하며 자산
증식을 향해 적극적으로 노력해보기 바란다.

자산 분산 비율은 **'보수적 투자:적극적 투자:매우 적극적 투자
=5:3:2'**가 기준이다. 가령 여유 자금 500만 엔이 있다면 보수적
투자가 250만 엔, 적극적 투자가 150만 엔, 매우 적극적 투자가
100만 엔이 된다.

이렇게 1단계부터 3단계까지 대략 설명했는데, 어디까지나 기준일 뿐이지 '수중 자본이 100만 엔 미만이면 적극적인 투자는 하면 안 된다'라는 말은 아니다. 기본은 기본으로서 인식해둔 상태에서 **개개인의 사정에 따라 유연하게 투자**하기 바란다. 100만 엔이 안 되는 돈으로 주로 보수적 투자를 해왔더라도, 여유 자금이 100만 엔에 가까워졌다면 연습이라 생각하고 적극적 투자를 소액부터 시작해보는 것도 좋다.

또 피라미드의 어느 단계든 증권 계좌에 현금(매수 여력)을 남겨두어야 한다는 사실도 명심하자. 바로 사용할 수 있는 현금이 수중에 없으면, 레이더 스크린 종목을 매수할 절호의 기회가 왔을 때 보유 종목을 팔아 자금을 마련할 수밖에 없어서 기동성 있는 신규·추가 투자를 할 수 없다.

여유 자금이 풍부하고 위험을 감수할 수 있는 부유층이라 하더라도, **전체 자금의 20% 정도는 증권 계좌에 현금 매수 여력으로 남겨두라**고 권장한다. 여윳돈이 적은 부유층 미만의 개인투자자는 **여유 자금의 30~40% 정도를 기준으로 현금을 남겨두면 좋다.**

배당금 성장에 기대한다

여기서부터는 '자산 형성 피라미드®'의 각각의 투자에 대해 더 자세히 알아보자.

먼저 맨 아래 토대를 이루는 '보수적 투자'부터 살펴보자. 보수적 투자는 글로벌 투자의 기본이며, 앞서 설명한 세 단계 중 어디에 있든 모두가 공통으로 해야 하는 투자다.

1단계에서는 전체 여유 자금의 절반을 **우량주 위주의 저위험·저수익 종목에 투자해 연율 10~12%의 수익률**을 확보하는 것이 목표다. 연 10~12% 수익률은 글로벌 주식 주가 상승(캐피털게인)+배당금 증가(인컴게인)의 장기×복리 운용을 통해 실현 가능하다.

여기서 연 10~12%라는 기대수익률이 어떻게 나왔는지 설명하겠다.

자산을 빨리 늘리고 싶은 사람에게는 아무리 보수적이라고 해도 연율 10%라는 숫자가 조금 아쉽게 느껴질지도 모른다. 그러나 그동안의 경험에 비추어볼 때, 부자에 가까워질수록 높은 투자 수익률에 연연하는 사람이 줄어드는 것 같다. 그들은 기본적으로 금전적인 부족함이 없기에 수익률이 조금 낮더라도 투자 내용에 납득이 가면 만족스러워한다.

위험과 수익은 상충관계라서 기대수익이 클수록 그에 따른 위험도 커진다. 이 상충관계는 투자의 숙명이며 언제나 누구에게나 적용되는 '최적의 해법' 따위는 존재하지 않는다.

그럼에도 굳이 설정해보자면, **많은 부유층이 보수적 투자를 통해 만족하는 수치는 연 10~12% 전후**인 듯하다.

주식 투자보다 상대적으로 위험이 낮은 상품이 포진해 있는 채권 투자에서도 연율 3~5% 정도의 수익률을 기대할 수 있다. 또는 주가 지수에 연동하는 인덱스 펀드도 연율 7% 전후의 성과를 낸다.

채권 투자도, 인덱스 펀드도 아닌 (아니면 여기에 추가적으로) 글로벌 투자를 한다면 다소의 위험을 감수하더라도 채권이나 인덱스 펀드를 웃도는 성과를 원하기 마련이다. 더구나 **약 20%의 세금을 고**

려한다면, 개인적으로는 연율 12% 정도가 만족스러운 수치다. 이보다 더 높은 연 20% 이상의 수익을 추구하는 투자는 위험도 지나치게 커진다.

나중에 설명하겠지만, 부유층에게는 일부러 위험을 안고 20% 이상의 수익을 올리는 '매우 적극적 투자'도 추천하곤 한다. 하지만 어디까지나 자산 형성의 근간은 긴 안목을 가지고 실천하는 '보수적 투자'이다.

보수적 투자에서는 '배당금 증가'에 기대하는 부분도 크다.

당기에 배당금 100엔을 지급한 기업이 뛰어난 실적을 내며 성장을 계속하면 다음 결산기에는 '증배(增配)'가 돼 배당금이 105엔으로 늘어난다. 증배가 계속 이어지면 안정적인 자산 형성에 도움이 된다.

일본에서 30년 이상 증배하는 연속 증액 배당주는 화장품 회사 가오(4452) 정도지만, 미국에서는 프록터앤드갬블(PG), 3M (MMM)처럼 60년 이상 연속 증액 배당을 하는 종목도 있다. 글로벌 주식 중에도 연속 증액 배당 종목이 많으니 잘 이용하면 배당금이 증가해 피라미드의 토대를 크고 단단히 다질 수 있다.

배당금은 기업 측의 '투자자에 대한 태도'를 보여주는 것으로,

기업은 신뢰감이나 커미트먼트(commitment, 약속)를 의식해 설정한다. 기업 측 편의에 따라 올렸다 내렸다 하거나, 또는 지급하지 않거나 하면 기업의 주인인 주주의 불신을 사게 된다.

서양은 주주와 그 '대리인'으로서의 경영자라는 구도가 명확하다. 그래서 평소에는 '보통 배당'을 조금씩 늘리는 식으로 주주환원을 해서 신뢰감을 심어주다가, 실적이 좋을 때는 '특별 배당'을 지급하거나 '자사주 매입'을 하는 기업이 많다.

앞으로 10년간 주가와 배당금 모두 연 5%씩 오른다고 가정하고 이를 복리로 운용하면 연평균 성장률은 9.2%다. 미국 주가지수 평균 성장률이 7% 정도이므로 상당히 보수적인 추정치다.

좀 더 공격적으로 가정해서 주가가 7% 성장하고 그에 따라 배당금도 8% 늘어난다고 하면, 연평균 성장률은 10년에 11.4%가 되기 때문에 연 12%라는 숫자가 나오게 되는 것이다.

글로벌 주식과 미국 주식은 반반씩, ETF도 활용

다시 한번 강조하지만, 글로벌 투자의 기본은 '장기×분산투자'다. 그리고 여유 자금을 4%씩 25개 종목 정도에 투자하는 게 좋다. 100만 엔이라면 한 종목당 4만 엔씩이다. 종목당 투자액을 일정하게 하면 계산이 쉽고 전체 포트폴리오 관리도 편하다.

이 책은 글로벌 주식을 추천하고 있지만, 25개 종목 전부를 글로벌 주식에 투자하는 일은 국제분산투자라는 관점에서 볼 때도 바람직하지 않다.

전 세계 기관투자자들이 벤치마크하는 MSCI(모건스탠리캐피털인터내셔널) 지수에서도 **미국 주식+캐나다 주식이 전체의 70% 정도를 차지하고 있다. 유럽 주식은 25%, 일본 주식은 6% 정도**다.

이런 현실을 감안하면 **'글로벌 주식:미국 주식=5:5 또는 4:6' 정도**의 비율로 투자하는 것이 좋다. 25개 종목에 투자한다면 **글로벌**

주식 10~13개 종목, 미국 주식 12~15개 종목, 그 외 관심 가는 국내 주식이 있다면 거기에 1~2개 종목 추가하는 식이다.

글로벌 주식과 미국 주식은 1주부터 매수 가능하다. 내가 추천하는 네덜란드의 에어버스(EADSY)는 1주에 22달러 정도, 독일의 뮌헨재보험(MURGY)은 1주에 24달러 정도다. **투자액 4만 엔 정도면 12주가량 살 수 있다.**

'4만 엔×25개 종목'이라는 규칙에서 절대 벗어나면 안 된다는 의미는 아니며, 처음에는 종목이 더 적어도 괜찮다. 투자액이 늘어남에 따라 서서히 종목 수를 늘려가는 식으로 접근해보자.

성공과 실패를 거듭하며 경험치가 쌓이고 '이렇게 하면 자산이 불어날 확률이 높다'라는 본인만의 승리 공식이 생기면 나만의 규칙을 만들고 그 규칙에 따라 투자를 고민해본다.

종목을 25개나 고르기도 힘들고 관리도 어렵다면 **글로벌 주식과 미국 주식의 ETF(상장지수펀드)를 조합**해보는 것도 한 방법이다. ETF는 테마별로 여러 주식에 분산투자하고 있다. 따라서 'ETF 매수=분산투자'로 이어진다. 가령 15개 종목 정도면 관리할 만하다고 판단된다면, 나머지 여유 자금으로 여러 **ETF를 사면 실제로는 25개가 넘는 종목에 분산투자**하는 셈이 된다.

하지만 ETF는 개별 종목을 일일이 검토해 우량한 종목에 투자하는 개별주 투자에 비하면 아무래도 수익률은 낮을 수밖에 없다. 연율 10% 이상의 수익률을 기대하기는 어렵다.

따라서 처음에는 '글로벌 주식+미국 주식+ETF' 식의 '조합 기술'을 쓰면서 경험을 쌓는다. 그러다가 더 많은 종목을 안정적으로 관리할 수 있게 됐다는 느낌이 오면, 개별 주식 투자 비율을 서서히 늘리고 ETF 비율을 줄이는 식으로 해보기 바란다. 그래야 시세를 파악하는 눈이 생기고 액셀과 브레이크를 적절히 구분하며 사용하는 법도 터득하게 돼 기대수익률도 높일 수 있다.

보수적 투자 - ③

종목 선정 시에는
섹터(업종)를 분산한다

어떤 글로벌 주식과 미국 주식을 살지 그 종목을 정할 때는 **먼저 섹터(업종)를 분산**한다. 한정된 섹터 내에서 여러 종목을 사는 것이 아니라 여러 섹터에서 국제분산투자를 하는 것이다.

먼저 인터넷 검색을 통해 동일 섹터 내에서 시가총액 TOP5의 실적을 확인해본다. 시가총액 1위 종목보다 2~3위 정도의 종목이 성장 가능성이 커서 캐피털게인을 기대할 수 있다.

선정 시 기준은 글로벌 주식과 미국 주식이 다르다. 이 점에 관해서는 PART 3의 6번째 원칙에서도 가볍게 다뤘는데 다시 한 번 복습해보자.

유럽 중심의 글로벌 주식에서는 **'순이익'**과 **'현금흐름의 최근 5년 간 평균 성장률'**에 주목한다. 시장 전체 평균, 또는 동일 섹터 평균과 비교해 순이익과 현금흐름의 최근 5년간 평균 성장률이 증가하고 있다면 유력한 투자 후보다.

미국 주식이라면, **PER**(주가수익비율)**과 EPS**(주당순이익)를 확인한다.

PER이 S&P500 평균치인 22배보다 낮아 저평가되어 있고, 전년 동기 대비 매출이 연 5% 이상 성장, EPS 역시 10% 이상 성장한 종목이라면, 주가도 연율 7~8%의 성장이 예상되기 때문에 투자 후보 목록에 오른다.

순이익, 현금흐름, PER, EPS 등으로 비교했는데도 오십보백보라면 그다음은 자신이 투자자로서 무엇을 중시하는지로 판단한다. 배당금을 통한 인컴게인을 중시한다면 **'배당 성향'**이 높은 종목을 선택해야 한다. 주가 상승에 따른 캐피털게인이 중요하다면 **매출이나 EPS** 성장률이 높은 종목을 선택해야 맞는다. PER을 중시한다면 **과거 5년간의 PER 수준**을 비교해 현재 수준이 낮은 쪽에 투자하는 방법도 있다. 충분히 검토한 결과 거의 비슷하다면 어느 쪽을 선택해도 무관하다.

펀드매니저 시절, 동료가 "스웨덴 은행 두 개가 있는데 너라면 어느 쪽에 투자할래?"라고 물으면 나는 **"둘 다 정답 아닐까?"** 하고 대답하곤 했다.

모르는 문제의 답을 찍듯이 아무렇게나 하라는 말이 아니다. 끝까지 조사한 결과 갑을 구분이 어렵다면 어느 쪽을 택하든 상관없고 때에 따라서는 둘 다 사도 괜찮다. 시간은 유한하기에 전체 균형을 맞추기 위한 투자 테마 선별에 더 많은 시간을 투자해야 한다. 그게 더 의미 있다.

하지만 고민에 고민을 거듭해도 결론이 나지 않는다고 해서 아무것도 하지 않는다거나, 아니면 전부 사버리는 '올 오어 낫씽(all or nothing)' 같은 선택을 한다면, 이 또한 현명한 투자가 아니다.

A사인가 B사인가로 마지막까지 고민하다가 최종적으로 A사에 투자했다고 치자. 그 후 A사의 실적 부진으로 주가가 하락해 "잘못 골랐어! 역시 B사를 샀어야 했어"라고 후회하는 일이 생길 수도 있다. 하지만 이 역시 귀중한 배움의 기회다. 다음에 비슷한 상황에 직면했을 때 지금의 배움을 살려 더 합리적인 판단을 내릴 수 있기 때문이다.

'20/25 규칙'으로 리밸런싱

'장기×분산투자'를 하려면 포트폴리오 보유 종목을 교체하는 '리밸런싱'을 해야 한다.

이미 PART 2에서 언급했듯이 리밸런싱을 할 때는 '20/25 규칙'을 추천한다. **주가가 20% 오르면 한 번 팔아 이익 실현을 하고 주가가 25% 떨어지면 파는 게 기준**이다.

여기서는 '20/25 규칙'에 대해 더 자세히 알아보자.

만약 100달러에 산 종목이 20% 올라 120달러가 됐다면, 팔아서 1주당 20달러의 이익을 실현하고 이익은 다음 투자에 사용한다. 반대로 100달러에 산 종목이 25% 떨어져 75달러가 되면 매도해 1주당 25달러의 손실을 확정(손절매)함으로써 더 이상의 손실을 막는다.

25개 종목에 4%씩 투자했다면, **설령 25% 하락해 손절매를 하더**

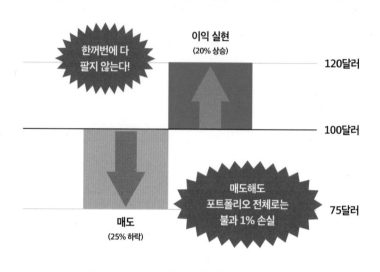

'20/25 규칙'으로 포트폴리오를 리밸런싱

한꺼번에 다
팔지 않는다!

이익 실현
(20% 상승)

120달러

100달러

75달러

매도해도
포트폴리오 전체로는
불과 1% 손실

매도
(25% 하락)

라도 포트폴리오 전체로는 1% 손실에 불과하다. 여유 자금이 100만 엔이었다면 손실은 1만 엔, 여유 자금이 500만 엔이었다면 손실을 5만 엔으로 줄일 수 있다는 계산이 나온다.

또 129쪽에 소개한 '트레일링 스탑' 개념을 활용하면 실제 손실은 제한적이고, 오히려 매수 시점보다 더 이익일 수도 있다.

고점에서 25% 하락한 지점에서 팔 때는 한꺼번에 매도해도 되지만, **20% 상승해 이익 실현을 할 때는 기본적으로는 한꺼번에 팔지**

않도록 한다. 매도한 종목이 이후 꾸준히 상승해 2배주, 3배주가 되면, 눈앞에서 큰 캐피털게인을 얻을 기회를 놓칠 수도 있기 때문이다. 만약 매도한 종목(기업)의 사업 환경이나 부가가치 스토리가 그대로라면 다시 처음부터 시작하는 마음으로 주가가 저평가됐을 때를 노려 재매수하는 것도 좋은 방법이다.

주가가 상승해 이익 실현을 할 때는, 20% 올랐다고 서둘러 다 팔아버리지 말고 3분의 1만 팔지, 아니면 절반만 팔지 판단한다. 그렇게만 해도 리밸런싱으로 인한 포트폴리오 재조정 효과는 상당하다. 다만 한 번에 얼마나 팔아야 하는지는 일률적으로 정하기 어렵다.

예를 들어 보유 명목 중에서도 애착이 있고 중요하게 생각하는 종목이라면 3분의 1만 팔고 이후의 추가 상승을 주시하고, 그렇게까지 의미 부여를 하지 않는 종목이라면 절반을 파는 식의 판단도 좋다. 또 주식 시장 전체가 하락해서 가격 상승을 기대할 수 없는 상황이라면, 10% 오른 지점에서 절반 팔고, 20% 오르면 나머지 전부를 파는 방법도 있다.

물론 종목의 속성(저평가주냐 성장주냐)에 따라서도 적정값은 바뀔 수 있으며, 주가 트렌드가 지속되는 한 계속 보유한다는 미국식 발상을 적용해야 더 좋은 성장주도 많다.

실제 부딪치며 경험을 쌓는 동안 '이런 가격 변동을 보이는 종목은 20% 오르면 절반을 매도하는 게 좋다'거나 '이러한 유형의 종목은 20% 올라도 처음엔 3분의 1만 팔고 잠깐 상황을 지켜보는 게 좋다' 같은 '눈치'를 배우게 된다. 그렇게 해서 자신의 위험 허용치가 얼마나 되는지 점점 깨닫게 되면, '나만의 승리 공식'도 확립할 수 있다.

또 섹터 특성에 따라 주가 등락폭도 다르다.

경기에 따른 가격 변동폭이 작은 '생활필수품'이나 '공익사업' 섹터라면 15%만 상승해도 매도를 고려해야 할 수도 있다. 반면 경기에 따른 가격 변동폭이 큰 자동차나 패스트패션 등의 '일반소비재', '금융' 섹터 등이라면 25% 상승 지점에서 매도를 고려해도 좋다.

눈부시게 성장 중인 '첨단 기술 섹터'라면 30% 상승을 매도 기준으로 삼아도 좋다. 따라서 저평가된 주식 위주의 투자에서 이익 실현을 할 때는 20%를 하나의 기준으로 삼되 상하 5~10% 정도의 변동폭이 있다고 이해하도록 하자.

정보 수집에 커피 두 잔 값을 투자한다

2단계에서는 '보수적 투자'에 더 큰 수익을 노리는 '적극적 투자'를 추가한다. 그렇다면 적극적 투자에 적합한 종목은 어떻게 찾아야 할까?

보수적 투자에서는 배당금 등의 인컴게인을 중시하지만, 적극적 투자에서는 주가 상승을 통한 캐피털게인을 더 중시한다. **저평가된 성장주를 찾아낸 뒤**(아마 대부분은 시가총액이 적은 소형주이다) **주가가 충분히 상승하기 전에 사들여 캐피털게인을 얻는 것이 목표다.** 그러다가 미래의 텐배거(10배주)라도 발견하게 된다면 투자 효율은 단숨에 높아진다.

단 저평가된 성장주를 찾는 일은 사실 그렇게 간단하지 않다. 인터넷으로 막연하게 검색한다고 쉽게 발견되지 않기 때문이다. 누구나 쉽게 접할 수 있는 정보에만 의존하거나 많은 사람이 추천하는 종목만 좇다 보면 다른 투자자와 비슷한 종목을 고를 수밖에 없기에 텐배거는 기대하기 어렵다.

그래서 이 단계에서는 정보 수집에 힘써야 한다. 인터넷 무료 정보에만 의존하지 말고 **가치 있는 정보에는 돈을 지불**하는 자세도 적극적 투자에서는 중요하다.

먼저 경제 관련 신문이나 잡지를 두루 읽는다. 일본의 경우 지면이든 전자판이든 가리지 말고 기본 중의 기본인 〈니혼게이자이신문〉, 〈주간다이아몬드(일본의 주간 경제 전문 잡지-옮긴이)〉, 〈회사사계보(일본 전체 상장 기업의 실적 및 재무 정보 등을 다루는 주식 정보 잡지-옮긴이)〉를 읽어보자. 미국 신문 〈월스트리트저널〉 등을 구독하는 것도 좋은 방법이다. 여기서 한 단계 더 들어가 섹터 동향을 자세히 다루는 업계지를 읽는 방법도 있다.

자산 관리 비용을 아까워하지 않는 부유층은 정보 수집에도 돈을 아끼지 않는다. 부유층은 아니더라도, 더 큰 자산을 모으는 게 목표라면 매월 몇천 원에서 몇만 원 정도는 정보 수집에 사용하기를 주저하지 말아야 한다.

참고로, 내가 수석 전략가로 일하는 옥스퍼드클럽재팬은 보수적 투자에도 적극적 투자에도 유익한 정보를 제공하고 있다. 미국 주식 위주이긴 하나 월간 뉴스레터(약 30쪽 분량)의 구독료가 연간 9,800엔이다. 한 달에 약 800엔이므로 커피 두 잔 값 정도밖에 되지 않는다. 이 밖에 무료 이메일 매거진도 발송하고 있다.

무료든 유료든 정보를 접할 때는 **주관적인 의견과 객관적인 사실을 구분해 생각하는 습관**을 길러야 한다. 접한 정보가 그 사람의 주관적 의견인지, 아니면 수치나 실태를 동반한 사실인지 명확히 구분하도록 한다. 철학자 니체는 "사실이란 존재하지 않는다. 존재하는 것은 해석뿐이다"라고 말하기도 했다.

SNS나 유튜브 등에서도 주식 투자와 관련된 방대한 양의 정보가 나날이 쏟아져 나온다. 거기에는 사실뿐 아니라 많은 개인적 견해와 해설이 포함되어 있다. 개중에는 미디어를 이용해 과시하거나 인정 욕구를 채우려는 사람도 있다. 특정 종목에 개인 투자자를 유도해 자신이 보유한 주식으로 이익을 얻으려는 사례도 적지 않다.

타인의 의견을 참고하는 건 좋지만, 그것을 액면 그대로 받아들여서는 절대 안 되며, 어느 특정 정보에만 집착하는 것도 올바른 균형이 아니다.

이는 무료로 얻을 수 있는 정보뿐 아니라 유료로 입수한 정보도 마찬가지다. 유료로 얻었다고 해서 올바른 정보라는 보증은 어디에도 없다. 최종적으로는 자기판단·자기책임이 원칙이다. 이를 가슴 깊이 새기길 바란다.

자동번역기로 연차보고서를 확인한다

종목과 관련해 더 깊이 있는 정보를 얻는 방법 중 하나는 글로벌 기업이 투자자에게 공개하는 연차보고서 등을 확인하는 것이다.

구글에 들어가 '**종목명**(예: 글락소스미스클라인[GlaxoSmithKline]) **또는 종목 코드**(예: GSK)'**와 'investor relations'**로 키워드 검색을 해보자. 그러면 기업이 투자자를 위해 반기 또는 1년마다 작성해 공개하는 보고서 등이 나온다.

일본 기업의 연차보고서 등 공시자료에서는 결론이 뒤에 나오는 경우가 많지만, 글로벌 기업은 대부분 최고경영자의 분명한 메시지로서 첫머리에 결론을 간결하게 정리해놓는다. 처음 3~6페이지 정도를 구글 번역이나 DeepL 번역 등 자동번역 소프트웨어나 스마트폰 앱으로 번역해서 읽어보자. 모국어로 공시자료

① 글락소스미스클라인(GSK)의 예.
구글 검색창에서 '글락소스미스클라인 investor relations' 또는
'GSK investor relations'라고 검색한 다음, 'Investors'를 클릭한다.

② 글락소스미스클라인 홈페이지 상단 메뉴에서 'Investors → Financial reports → Annual Report 2022' 순으로 클릭한다.

③ 필요한 부분을 다운로드한 다음 구글 번역이나 DeepL 번역 등을 활용해
모국어로 번역한 후 읽는다.

를 읽을 수 있는 글로벌 기업도 적지 않다.

연차보고서 등 기업 공시자료에서는 기업 재무 정보까지 확인할 수 있다. 자신의 소중한 돈을 맡기는 일이므로 재무 정보까지 꼼꼼히 확인하면 당연히 좋지만, 자국 주식에 투자할 때도 유가증권 보고서를 구석구석 정독하거나 대차대조표 등 재무제표까지 확인하는 사람은 별로 없는 듯하다. 아니 투자처는 고사하고 자신이 근무하는 회사의 재무제표를 확인하는 사람도 좀처럼 없지 않을까?

영어로 쓰인 정보를 읽고 이해하는 게 어려워서 세부적인 재무 정보를 확인하지 않겠다고 결정했다면, 그 결정도 충분히 가능한 선택이다.

주식 투자를 할 때는, 주가에 아직 반영되지 않은 요인을 꼼꼼히 찾아내 그것이 반영되는 시기를 잘 파악한 뒤 투자하는 게 중요하다. 그러나 그 종목을 오랫동안 지켜본 투자 전문가도 재무 정보가 주가에 어떻게 반영돼 있는지, 앞으로 실적이 어떻게 될지 알기 어렵다(이를 '**인식의 차이**'라고 한다).

실적이 예상외로 좋더라도 시장이 이를 예상하고 '반영 완료'한 상태라면 주가는 크게 오르지 않는다. 반대로 실적이 나빠도 시장은 그것을 '반영 완료'한 상태고 시장 예상치보다 나쁘지 않았다면 주가는 오를 수도 있다.

이러한 사실을 고려할 때 재무 정보를 '자세히 보지 않겠다'고 선을 긋는 태도도 나쁘다고만은 할 수 없다. 재무 정보보다는 중장기 계획에서 제시하는 핵심 전략과 그 실현 가능성(상승·하락 예측)이 더 중요하다고 보는 견해 역시 합리적이다.

한정된 소수 종목에 많은 금액을 집중투자할 때는 재무 정보를 철저히 분석해야 한다. 만약 판단을 잘못하면 큰 손실을 볼 위험도 있으니 말이다.

그러나 이 책이 추천하는 것과 같은 25개 종목에 조금씩 분산투자하는 방법이라면 설령 잘못된 판단을 했다손 치더라도 그 판단이 포트폴리오 전체에 큰 타격을 입힐 확률은 낮다. 그렇기에 굳이 자세한 재무 정보를 파악하지 않아도 투자는 가능하다.

주식 투자의 모든 것을 꿰뚫고 있을 것 같은 워런 버핏도 백전백승하지는 않는다. 예상치 못한 실수를 저질러 손해를 보기도 한다. 아무리 깊이 있게 분석했더라도 성공률 100%는 보장할 수 없다. 익숙하지 않은 재무 분석에 한정된 시간을 꼭 할애할 필요는 없다는 말이다.

옵션 거래로 보수적 투자에 활기를 불어넣는다

2단계 이후 적극적 투자에서는 '옵션 거래'를 활용하는 게 좋다.

PART 3에서 다뤘듯 옵션 거래는 인컴게인과 캐피털게인 못지 않은 제3의 이익 획득 수단이다. 주식이 아닌 보험료를 주고받으며 옵션 가격이라는 현금 수익을 벌 수 있다. **분산투자와 병행하면 연율 10%가 넘는 수익도 기대**할 수 있다.

현재 일본에서는 글로벌 주식이나 미국 주식의 옵션을 거래하려면 덴마크 투자은행인 삭소뱅크증권이나 미국 증권사인 인터랙티브브로커스증권 같은 외국계 증권회사에 계좌를 개설해야 한다.

옵션 거래에는 여러 방법이 있지만, 여기서는 위험은 줄이고 이익은 확실한 두 가지 방법을 중심으로 소개하고자 한다.

옵션 거래는 2단계 이후의 '적극적 투자'에서 활용하면 좋은

> **옵션 거래의 두 가지 방법**
>
> ① 타깃바잉(Target Buying) 전략
> ② 커버드콜 전략

데, 투자 대상은 피라미드의 토대가 되는 보수적 종목이다. 쉽게 말해, 연율 10~12%의 성과를 기대하는 보수적 종목에서도 **옵션 거래로 옵션 가격을 벌면 성과를 연율 15% 정도까지 높일 수 있다는 뜻이다.** 이 성과 수익을 복리로 운용하면 몇 년 후 몇십 년 후에는 큰 차이가 생긴다.

가령 300만 엔을 연율 10%로 복리 운용하면 10년 후에는 778만 엔(2.59배), 20년 후에는 2,018만 엔(6.73배)이 되지만, 옵션 거래를 활용해 연율 15%로 운용한다고 가정하면, 10년 후에는 1,213만 엔(4.04배), 20년 후에는 4,910만 엔(16.37배)이 된다는 계산이 나온다.

자동차 엔진에 출력 효율을 높이는 터보차저를 달면 속도가 빨라지듯이, 옵션 거래를 추가하면 투자 효율이 높아져 피라미드의 토대 부분을 크고 두텁게 만들 수 있다. 장기적으로는 이것이 큰 차이를 만든다.

물론 모든 보유 종목에 옵션 거래를 결합할 필요는 없다. 보수적 투자로 25개 종목에 분산투자하고 있다면, 그중 5개 종목 전후를 선택해 결합하는 정도가 적당하다.

옵션 거래를 추가했을 때 투자 효율이 높아지는 종목은, 주가가 단기적으로 등락을 거듭하긴 하나 완만하게 우상향 곡선을 그리는 종목이다. 이러한 종목은 글로벌 주식이나 미국 주식에 적지 않다.

하락 때 사고 상승 때 파는 리밸런싱에 옵션 거래를 결합하는데, 구체적으로 하락 시에는 ①타깃바잉 전략, 상승 시에는 ②커버드

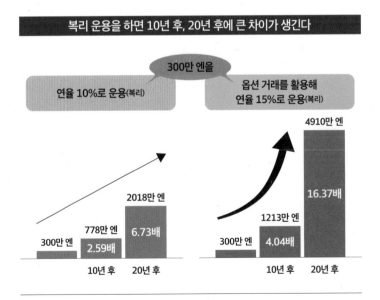

콜 전략을 구사한다. 처음에는 종목 하나를 골라 시험 삼아 해본다 생각하고 도전해보자. 글로벌 주식과 미국 주식은 1주부터 살 수 있지만, 옵션 거래는 100주 단위로 거래할 수 있다.

타깃바잉 전략

그럼 지금부터 타깃바잉 전략에 대해 알아보자.

타깃바잉이란 쉽게 말해, **평소 '매수해볼까?' 하고 생각했던 종목으로 현금 수입(옵션 가격)을 올리는 전략**이다.

조금 이해하기 어려우니 예를 들어보자.

현재 주가가 1주에 100달러인 A종목이 있다고 치자. 이 종목은 평소 당신이 '1주에 100달러가 되면 사볼까?' 하며 마음에 두고 있던 종목이다(이 점이 중요하다. 사고 싶은 마음이 들지 않는 종목은 옵션 거래를 하지 않는다!).

보통은 지정가 주문을 하지만, 당신은 옵션 거래를 이용해 '두 달 안에 A종목이 95달러 이하로 떨어지면 95달러에 매수하겠다'라는 옵션을 500달러에 내놨고 계약이 성립했다고 치자. 이때의

타깃바잉 전략이란? ①		
시세 변동	일반 지정가 주문	옵션 거래 이용 시
사고 싶은 가격까지 하락하지 않았다	아무것도 하지 않는다	현금(옵션 가격) 획득
사고 싶은 가격까지 하락했다	주식 구입	주식과 현금(옵션 가격) 획득

금액 '95달러'를 **권리행사가격**(스트라이크 프라이스)', '두 달 안에'라는 기일을 **'만기일'**이라 부른다. 만기일은 보통 한 달로 설정하지만, 초보자는 더 길게 설정해야 여유 있게 거래할 수 있다.

첫 번째 거래에서 두 달 안에 A종목 주가가 95달러 이하로 떨어지지 않으면 현금 500달러는 당신 것이 된다. 두 번째 거래에서도 두 달 안에 A종목 주가가 95달러 이하로 떨어지지 않으면 또다시 현금 500달러는 당신 것이다. 여기까지만 계산해도 500달러+500달러, 즉 1,000달러라는 현금을 벌어들이게 된다.

타깃바잉 전략이란? ②

평소 '사고 싶던' 주식으로 옵션 거래를 함으로써 현물 주식을 지정가 매수보다 조금 더 유리한 조건으로 사기 위한 전략

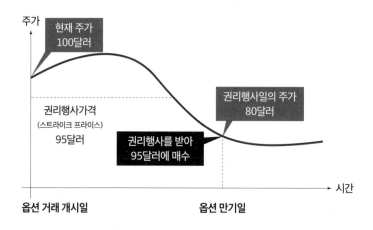

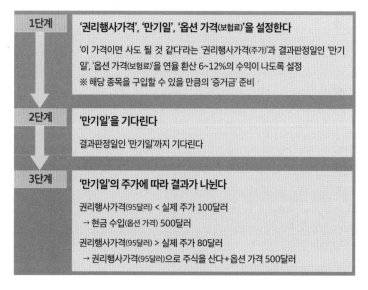

1단계	**'권리행사가격', '만기일', '옵션 가격(보험료)'을 설정한다**
	'이 가격이면 사도 될 것 같다'라는 '권리행사가격(주가)'과 결과판정일인 '만기일', '옵션 가격(보험료)'을 연율 환산 6~12%의 수익이 나도록 설정 ※ 해당 종목을 구입할 수 있을 만큼의 '증거금' 준비
2단계	**'만기일'을 기다린다** 결과판정일인 '만기일'까지 기다린다
3단계	**'만기일'의 주가에 따라 결과가 나뉜다** 권리행사가격(95달러) < 실제 주가 100달러 → 현금 수입(옵션 가격) 500달러 권리행사가격(95달러) > 실제 주가 80달러 → 권리행사가격(95달러)으로 주식을 산다+옵션 가격 500달러

그러나 주가가 하락할 수도 있다. 세 번째 거래에서 두 달 안에 A종목의 주가가 80달러가 됐다고 치자. '95달러 이하가 되면 95달러에 매수하겠다'고 약속했으므로 당신은 80달러인 A종목을 95달러에 사야만 한다.

그러면 15달러 손실이 발생하지만, 여기서 관점을 바꿔보자. A종목은 앞서 언급한 대로 '100달러가 되면 사볼까?' 하고 생각하던 주식이다. 만약 그때 100달러를 주고 샀다면 20달러의 손해가 발생했을 것이다. **옵션 거래를 함으로써 결과적으로 5달러 손실을 줄인** 셈이다. 게다가 옵션 가격으로 1,500달러를 받았으니 결과적으로 손익은 플러스다.

참고로 옵션 가격 수준은 종목과 만기일까지의 기간에 따라 다르고, 시세(시장 움직임)에 따라 오르락내리락하기도 한다.

요약해서 설명했는데, 타깃바잉의 유의사항은 다음 세 가지다.

타깃바잉 전략의 핵심 3가지

① 평소 보유하고 싶던 종목으로 진행한다
② 해당 종목을 매수할 수 있는 만큼의 '증거금'을 준비한다
③ '권리행사가격', '만기일', '옵션 가격(보험료)'을 설정한다

이 중 ③에 관해서는 다음과 같이 생각하면 된다.

만기일은 25~60일 정도로 설정한다. 앞서 말했듯이 **초보자는 60일(두 달)로 설정해두면 여유 있게 거래할 수 있다.** 단 기업 실적 발표일 전에는 투자자들의 심리가 복잡하게 얽혀서 가격이 변동하기 쉬우므로 주의해야 한다.

권리행사가격은 현재 주가보다 5~15% 낮은 가격으로 설정한다. 주가 변동이 심한 종목은 폭을 조금 넓게 설정하는 게 요령이다. 구체적인 설정 수준은 해당 종목의 옵션 거래 상황에 따라 다르다. 예를 들어 어느 가격대의 거래량이 많은지가 중요하며, 만기일까지 결산 발표 등의 중요 이벤트가 있는지의 여부도 가격에 반영된다.

딱 짜여진 일률적인 조건을 고수하기보다는 종목에 따라, 주가 추이에 따라 최적의 조건이 바뀐다고 생각해야 유연하게 대처할 수 있다.

옵션 가격(보험료)은 연율로 환산했을 때 6~12%의 수익이 나도록 설정한다. 주가 변동폭이 큰지 작은지 같은 종목 특징과 시세 상황에 따라 수준이 달라지므로, 본인에게 맞는 수준을 찾아간다는 자세로 접근하면 거래가 점점 쉬워질 것이다.

③의 설정이 끝나고 지정가 주문을 넣으면 타깃바잉 완료다.

커버드콜 전략

이어 커버드콜 전략에 대해 알아보자.

커버드콜이란 쉽게 말해 **현재 '보유' 중인 종목으로 현금 수입(옵션 가격)을 올리는 전략이다. 주식의 시세 차익(캐피털게인)을 포기하는 대가로 금리(옵션 프리미엄)를 얻는 전략**이라고도 할 수 있다.

현재 당신이 주가가 100달러인 B종목을 보유 중인데 매도를 고려하고 있다고 가정해보자. 보통은 지정가 주문을 내지만, 당신은 옵션 거래를 이용해 '3개월 안에 B종목이 110달러 이상이 되면 110달러에 팔겠다'는 옵션을 300달러에 내놨고 계약이 성립했다고 치자.

첫 번째 거래에서 3개월 안에 B종목 주가가 110달러 이상이 되지 않으면 현금 300달러는 당신 것이 된다. 두 번째 거래에서

시세 변동	일반 지정가 주문	옵션 거래 이용 시
팔고 싶은 가격까지 상승하지 않았다	아무것도 하지 않는다	현금(옵션 가격) 획득
팔고 싶은 가격까지 상승했다	매도 이익 획득	매도 이익과 현금(옵션 가격) 획득

도 3개월 안에 B종목 주가가 110달러 이상이 되지 않으면 또다시 현금 300달러는 당신 것이다. 이 시점까지 300달러+300달러, 즉 600달러의 현금을 번다는 계산이 나온다.

그러나 주가가 오를 수도 있다. 세 번째 거래에서 3개월 안에 B종목 주가가 115달러가 됐다고 치자. 당신은 '110달러 이상이 되면 110달러에 팔겠다'는 약속을 했기 때문에 115달러인 B종목을 110달러에 팔아야 한다.

115달러-110달러=5달러, 즉 캐피털게인 5달러를 손해 보는 셈이지만, 그동안 900달러의 옵션 가격을 받았기 때문에 수익은 주식을 보유한 상태에서 **콜옵션**(특정 가격으로 살 권리)을 파는 방법으로, 보유주의 수익률 향상과 기대수익 안정화를 꾀하는 전략

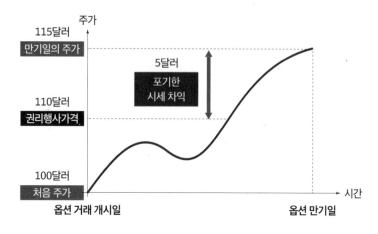

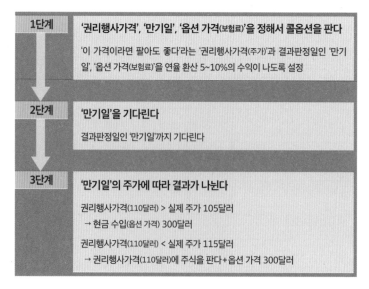

1단계	**'권리행사가격', '만기일', '옵션 가격**(보험료)**'을 정해서 콜옵션을 판다**
	'이 가격이라면 팔아도 좋다'라는 '권리행사가격(주가)'과 결과판정일인 '만기일', '옵션 가격(보험료)'을 연율 환산 5~10%의 수익이 나도록 설정
2단계	**'만기일'을 기다린다**
	결과판정일인 '만기일'까지 기다린다
3단계	**'만기일'의 주가에 따라 결과가 나뉜다**
	권리행사가격(110달러) > 실제 주가 105달러
	→ 현금 수입(옵션 가격) 300달러
	권리행사가격(110달러) < 실제 주가 115달러
	→ 권리행사가격(110달러)에 주식을 판다+옵션 가격 300달러

플러스가 된다.

커버드콜 전략의 유의사항은 다음 세 가지다.

커버드콜 전략의 핵심 3가지

① 현재 보유하고 있으나 매도를 고려 중인 종목으로 진행한다

② '권리행사가격', '만기일', '옵션 가격(보험료)'을 설정한다

③ 증거금 절약을 위해서는 '옵션 계좌'에 현물 주식을 보유하는 게 제일 좋다

이 가운데 ②에 관해서는 다음과 같이 생각하면 좋다.

만기일은 25~90일로 설정한다. 타깃바잉 전략과 마찬가지로 **초보자는 60일(두 달) 이상으로 설정하면 거래에 여유가 생긴다.**

권리행사가격은 **현재 주가보다 5~15% 높은 가격으로 설정**한다. 주가 변동이 심한 종목이라면 폭을 조금 넓게 설정하는 게 좋으며, 원하는 매도 수준을 고려해 설정하면 좋다.

옵션 가격(보험료)은 **연율로 환산해 5~10%의 수익이 나도록 설정하면 접근하기 쉽다.** 무엇보다 최종적으로 해당 종목을 계속 보유할지, 판다면 얼마에 팔지에 대한 정성적 판단과 자신의 선호를 중시해야 결과적으로도 선순환이 만들어진다.

②의 설정이 끝나고 지정가 주문을 내면 커버드콜은 끝난다.

참고로 콜옵션(특정 가격에 살 수 있는 권리)을 매도할 때는 사용하는 계좌에 따라 증거금 필요 여부가 달라진다. 현물 주식과 콜옵션 거래를 각각 다른 계좌로 하면 옵션을 매도할 때 증거금이 필요해진다.

그러나 **옵션 계좌에서 현물 주식과 옵션 모두를 거래하면, 보유 현물 주식의 옵션을 매도할 때 증거금을 준비할 필요가 없어 거래의 자금 효율성이 높아진다.**

자, 지금까지 '타깃바잉 전략'과 '커버드콜 전략'의 기본 개념을 살펴보았는데, 조금 어렵게 느껴지거나 어떻게 시작해야 할지 감이 잡히지 않는 사람도 있을 터다.

구체적으로는 '콜(살 권리)'과 '풋(팔 권리)' 두 가지 개별 주식 옵션 거래 중 '풋'을 활용한다. 현물 주식 중 '한번 사볼까?' 하고 관심이 가는 종목과 주가(가격)를 정했다면 옵션 시장에서 조건에 맞춰 '풋(팔 권리)'의 '매도'를 약정(매매 성립)한다. 매수하기 원하는 가격을 '지정가'로 지정해서 현물 주식을 사는 느낌의 거래로 옵션 가격을 받아 수익률 향상에 기여하는 것이다.

다시 한번 강조하지만, 콜은 대상 자산(여기서는 현물 주식)을 살 권리이며, 풋은 자산(현물 주식)을 팔 권리를 말한다. 콜과 풋 모두 살 수도 있고 팔 수도 있다. 따라서 투자자의 전략에 따라 다양한 조합의 거래가 가능하다. 개인투자자도 이를 활용해 수익 확대를 노릴 수 있어서 미국 개인투자자들은 일상적으로 이 방법을 사용한다.

풋(팔 권리)을 '매도'해 현물 주식 구매를 노리거나 옵션 가격만 받는 것이 '타깃바잉 전략'이고, 콜(살 권리)을 '매도'해 현물 주식 매도를 노리거나 옵션 가격만 받는 것이 '커버드콜 전략'이다.

조금 복잡할 수 있지만 실전 연습을 통해 익혀두면 도움이 된다.

'매우 적극적 투자'에 도전

여유 자금이 500만 엔이 넘어가면 '매우 적극적 투자'를 쌓아 부유층처럼 '자산 형성 피라미드®'를 3층으로 만들어보자. **전체 자산의 10~20% 정도를 매우 적극적 투자로 돌려보는 것**이다.

매우 적극적 투자에서는 '페니스톡 투자', '원자재 투자', '벤처 캐피털 투자', 'SPAC 투자' 등을 새로이 진행한다. 각 투자에 대해서는 PART 2의 원칙 3에서 이미 간략하게 설명한 바 있다.

시간적 여유가 있는 투자자는 다양한 시도를 해보면 투자의 부차적 효과나 영감을 얻을 수 있다. 시간적 여유가 없는 바쁜 투자자는 현물 주식 투자와 옵션 투자에 집중하고, 타깃바잉 등의 옵션 투자를 매우 적극적 투자로 활용하는 등 **기계적으로 거래를 반복해서 목표한 자산에 도달하는 속도를 높이는 게 더 효율적일 수도 있다.**

'자산 형성 피라미드®' 실천 포맷

지금까지 소개한 '자산 형성 피라미드®'의 운용법을 정리해보자.

● 보수적 투자

전체 투자 자산의 50% 정도를 배분한다. 전체 자산의 절반 정도를 보수적 투자에 할당하는 셈이다. 이 중 30~40% 정도는 하락장 '매수 타이밍'에 대비한 '현금 매수 여력'으로 보유한다('보수적 투자' 자금의 30~40%이므로 총 투자 자산에서는 15~20%가 기준). 보유 종목은 글로벌 주식+미국 주식(배당주·성장주). 미국 주식은 증권회사의 '옵션 계좌'에 보유한다(커버드콜 전략에 대비하기 위해). 기본은 중장기 투자이며 시세 상승·하락 시에는 포트폴리오의 전체적인 보유 비율을 조절(상승하면 매도, 하락하면 매수)한다.

● 적극적 투자

전체 투자 자산의 30%를 배분한다. 중단기적으로 상승이 기대되는 종목을 보유(큰 애착이 없는 종목이므로 집착하지 말고 매매)하고, '타깃바잉 전략'과 '커버드콜 전략'도 추진한다. 자금 범위 안에서 (모두 개별주를 매수하게 되더라도 지장 없는 범위에서) 타깃바잉에 도전한다. 적극적 투자로 현금 비율이 높아지더라도 신경 쓰지 말고 전체 투자 자산의 30% 정도 범위 안에서 조절한다. 중단기적으로 상승이 기대되는 종목이 별로 없을 때는 무리하지 않는다.

● 매우 적극적 투자

매우 적극적 투자로 현금 비율이 높아지더라도 신경 쓰지 말고 전체 투자 자산의 20% 범위 안에서 조절한다. 단기적으로 상승이 기대되는 종목을 찾기가 어려울 때, 시간·정신적인 여유가 없을 때는 무리하지 않는다. 담담하게 운용하는 것이 중요하다.

개인투자자에게는
기관투자자에게 없는 강점이 있다

많은 사람이 글로벌 주식이나 미국 주식 투자에서는 정보 수집력과 자금력이 뛰어난 기관투자자가 유리하다고 생각한다. 그러나 나는 개인투자자가 기관 투자자보다 더 유리한 점이 많다고 생각한다.

기관투자자의 최대 장점은 투자 대상 관련 정보가 많다는 점이다. 그들은 개인투자자가 손에 넣기 힘든 정보도 얻을 수 있다.

그러나 기관투자자에게도 단점은 있다. 거액의 투자 자금을 다루는 만큼 '제약'이 너무 많다. 기관투자자는 출자자의 조건에 따라 투자 대상이 어느 정도 미리 정해져 있고, 심지어 운용 성과가 나쁘면 자금이 순식간에 빠져나가기 때문에 비교적 단기간에 일정 수준의 수익을 반드시 올려야 한다.

개인투자자는 기관투자자보다 투자 대상 관련 정보가 적을지 모르지만, 요즘은 인터넷 정보가 충실해서 이전보다 정보 격차가 확실히 줄었다.

이 밖에도 개인투자자에게는 기관투자자에게 없는 장점이 많다.

개인투자자는 투자 대상에 제약이 없기에 고위험이라 기관투자자가 손대기 힘든 종목에도 장래성 등을 믿고 유연하게 투자할 수 있다. 또 '기간' 제약도 없으므로 눈앞의 단기적인 손익에 얽매이지 않고 장기적 관점에서 운용을 지속할 수 있다.

실패를 두려워하지 않고 신속한 의사 결정을 할 수 있다는 점도 개인투자자만의 장점이다. 이를테면 기관투자자는 매수한 지 얼마 안 된 종목의 투자 스토리가 무너져 당장 팔고 싶을 때도 그렇게 할 수 없다. 그랬다가는 투자자에 대한 설명의 책임을 다할 수 없기 때문이다. 그러나 **개인투자자는 모두 본인 책임하에 원하는 대로 기동적으로 매매할 수 있으므로 이 또한 장점이다.**

기관투자자에게는 운용을 담당하는 펀드매니저가 있는데, 그들 모두가 글로벌 주식이나 미국 주식에 정통한 것은 아니다. 내부 사정을 잘 아는 입장에

기관투자자와 개인투자자의 차이

기관투자자

고객의 거금을 다루기 때문에 '제약'이 많다

- 운용 성과가 나쁘면 자금이 유출되기 때문에 반드시 일정 기간 안에 수익을 내야 한다
- 투자 대상 종목에 대한 자유도가 낮다
- 투자 대상에 관한 정보가 풍부하다
- 시장에 미치는 영향력이 크다

개인투자자

자신의 돈으로 운용하므로 '제약'이 없다

- '기간' 제약이 없고 장기적으로 운용할 수 있다
- 장래유망한 종목에 집중투자할 수 있다
- '투자 대상'의 제약이 없고 기관투자자가 손대기 어려운 위험 종목에도 투자할 수 있다
- 신속한 의사 결정이 가능하다

서 말하면, 줄곧 국내 주식만 운용하던 펀드매니저가 배치 전환으로 갑자기 글로벌 주식이나 미국 주식 운용을 맡게 되는 경우도 있다.

개인투자자 한 명 한 명은 자신의 금융 자산을 자기가 책임지고 운용하는 펀드매니저 같은 존재다. 기관투자자에게는 없는 개인투자자 고유의 장점을 살려 글로벌 주식이나 미국 주식의 운용 경험을 차근차근 쌓아가면, 사실은 그 분야에 대해 잘 모르는 기관투자자 펀드매니저, 혹은 기계학습형 AI의 운용을 뛰어넘는 성과를 낼 수 있다.

이것은 이미 많은 신흥 부유층들이 실천·입증하고 있는 사실이며 부유층 미만 개인투자자에게도 충분히 가능한 일이다.

PART 5

글로벌 투자
최강 종목 10

앞으로 더욱 중요해질 '두 가지 테마' 관련 기업에 투자한다

여기서부터는 드디어 글로벌 투자 추천 종목 Top10을 소개하겠다(글로벌 투자의 약 절반을 차지하는 미국 주식 관련 정보는 이미 미디어에 넘쳐나고 있고 이 책의 취지와도 어긋나므로 생략한다). 소개 종목들은 군이 따지자면 피라미드의 토대가 되는 '보수적 투자'에 적합한 종목군이다.

전 세계 투자자들이 주목하는 글로벌 주식 대부분은 ADR(미국 예탁증권) 시장에 상장되어 있으며, 온라인 증권 등을 통해 거의 미국 주식처럼 매수할 수 있다. '프롤로그'에서 잠깐 다뤘듯 ADR은 미국 외 국가에서 설립된 글로벌 기업이 발행한 주식을 담보로 미국 에서 발행하는 유가증권이다. ADR은 엄밀히 따지면 주식은 아니지만, 투자자는 주식을 보유한 것과 같은 권리를 갖게 된다.

추천 종목 Top10의 섹터는 모두 다르다. 하지만 모든 종목이 향후 세계 경제·사회에서 그 중요성이 더 커지리라 예상되는

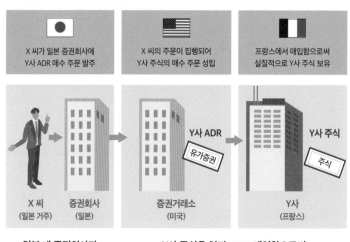

ADR(미국예탁증권)의 구조

🇯🇵	🇺🇸	🇫🇷
X 씨가 일본 증권회사에 Y사 ADR 매수 주문 발주	X 씨의 주문이 집행되어 Y사 주식의 매수 주문 성립	프랑스에서 매입함으로써 실질적으로 Y사 주식 보유

X 씨 (일본 거주) → 증권회사 (일본) → 증권거래소 (미국) Y사 ADR 유가증권 → Y사 (프랑스) Y사 주식 주식

일본 내 증권회사가 미국에 X 씨 주문을 발주

Y사 주식을 현지(프랑스) 매입함으로써 실질적으로 Y사 주식 보유

'두 가지 큰 테마'와 연관성이 있다.

첫 번째 테마는 **'사회 인프라'**다.

이번 코로나 사태를 겪으며 의료 및 요양복지, 교육, 공공서비스, 물류, 편의점 및 약국 같은 소매업 등에서 일하는 이른바 '필수 인력'의 중요성이 다시금 크게 부각됐다.

사회 인프라를 담당하는 기업, 즉 **'생활필수품', '자원', 'IT', '보험'** 등에 관여하고 있는 기업은 국제 사회의 필수 인력 같은 존재다. 앞으로 경제·사회가 어떤 식으로 변하든 지구촌의 사회 인프라를 담당하는 비즈니스의 중요성과 성장성은 앞으로도 굳건할 것이다.

두 번째 테마는 경제 격차 확대로 인한 부유층과 빈곤층의 양극화, 이른바 **'격차 사회'**의 본격화다.

전 세계적으로 부의 편중 현상은 1980년대부터 두드러지기 시작했다. 현재 **세계 상위 1%의 초(超)부유층이 전 세계 개인 자산의 40% 가까이(37.8%)를 소유하고 있다**고 한다. 특히 빈부격차가 심화하는 미국에서는 부유층과 빈곤층의 수입 및 저축의 차가 알파벳 'K'처럼 위아래로 벌어지는 'K자 경제화'가 진행 중이다. 민주당의 조 바이든 미국 대통령은 강력한 중산층 부활을 내세우며 등장했지만, 코로나 시대를 지나며 격차는 오히려 더 벌어지는 추세다.

일본도 전후 고도경제성장기에는 '1억총중류사회(1억 인구가 중산층으로 사는 사회-옮긴이)'라고 불렸던 적도 있었지만, 고도성장이 끝나고 버블 붕괴를 거치며 양극화가 더 심화되고 있다.

일본에서는 2005년에 '부유층', 이듬해 2006년에는 '격차 사회'가 '신조어·유행어 대상'의 상위 10위 안에 올랐다. 2003년에는 '연소득 300만 엔(일본 노동자의 임금이 계속 감소해 국민 대다수의 연봉이

300만 엔 정도인 시대가 올 것이라는 의미-옮긴이)'이 마찬가지로 상위 10위에 들었지만, 20년 후인 2022년에는 〈연소득 200만 엔으로 풍족하게 살다〉라는 제목의 무크지가 나와 찬반양론을 불러일으켰다. 양극화는 절대 바람직하지 않지만, 부유층에게 고급스러운 상품과 서비스를 제공하는 비즈니스는 앞으로 더욱 확대될 것으로 보인다.

이 두 가지 테마에 기초해 지금부터 평소 신흥 부유층의 글로벌 투자에 추천하는 종목을 하나씩 소개해보고자 한다.

※ 최근 주가·시가총액 등의 수치는 본서 집필 시점의 참고치이다.

01

부유층 집중 공략!
미국에는 없는 고급 브랜드 복합 기업

██ LVMH루이비통모에헤네시 (LVMUY)

- 주요 상장국: 프랑스
- 섹터: 일반소비재
- 최근 주가(ADR): 116달러
- 시가총액(백만 달러): 292,759
- 매출 연평균 성장률(5년): 12.59%
- 영업이익 연평균 성장률(5년): 19.96%

- EPS 연평균 성장률(5년): 24.27%
- PER: 23.09
- PBR: 5.89
- ROE: 28.48
- 예상 배당 수익률: 2.0%

기업 개요

프랑스에 본사를 둔 명품 브랜드 보유 기업.

와인·스피리츠(증류주), 패션·가죽 제품, 향수·화장품, 시계·보석, 전문 판매 및 기타 사업의 6개 섹터로 이루어져 있다. 주요 보유 브랜드는 다음과 같다. 와인·스피리츠 사업은 '모엣&샹동', '크뤼그', '뵈브 클리코', '헤네시', '샤또 디켐' 등. 패션·가죽 제품 사업은 '루이비통', '크리스찬디올', '지방시' 등. 향수·화장품 사업은 '베네피트', '메이크업포에버' 등. 시계·보석 사업은 '태그호이어', '위블로', '제니스', '불가리', '쇼메', '프레드' 등. 전문 판매 사업은 'DFS', '세포라' 등. 기타 사업으로 라이프스타일 및 문화·예술 브랜드를 보유하고 있다.

하이브랜드만 취급하는 LVMH루이비통모에헤네시는 **세계적으로 부의 양극화 현상이 심해지고 부유층이 늘어날수록 더 큰 수혜를 누리게 될 것으로 보인다.**

의외라고 생각할 수도 있지만, 세계에서 가장 부자가 많은 미국에는 LVMH 같은 기업이 없다. 미국의 유명 주얼리 대기업인 티파니도 2021년 LVMH루이비통모에헤네시에 158억 달러에 매수됐다.

코로나 시대를 거치며 감염 확대 과정에서 일시적으로 매출이 감소한 하이브랜드도 있지만, 그 후 경제가 회복하고 인플레이션이 진행되면서 부유층의 개인 자산은 오히려 증가해 하이브랜드 업계의 실적은 V자로 회복 중이다.

비슷한 업체에 스위스의 리치몬트(까르띠에, 보메&메르시에, 피아제, 던힐 등을 산하에 두고 있다), 프랑스의 케링(보테가베네타, 구찌, 생로랑, 부쉐론 등이 산하에 있다)도 있지만, 그중에서도 가장 큰 기업이 LVMH루이비통모에헤네시다.

또 와인·스피리츠 사업도 강력해서 **경기 영향을 덜 받고 주가도 잘 떨어지지 않는다**는 점 역시 높이 평가할 만하다.

4대 자원 메이저 중의 메이저!
경영 선견지명이 돋보이는 기업

 리오틴토 (RIO)

- 주요 상장국: 영국
- 섹터: 소비
- 최근 주가(ADR): 69.52달러
- 시가총액(백만 달러): 115,699
- 매출 연평균 성장률(5년): 10.93%
- 영업이익 연평균 성장률(5년): 34.57%

- EPS 연평균 성장률(5년): 38.37%
- PER: 5.26
- PBR: 2.16
- ROE: 42.84
- 예상 배당 수익률: 12.8%

기업 개요

영국에 본사를 둔 광업·금속 회사.

서호주 필바라 지역에 위치한 16개 광산 네트워크, 4개 항만 터미널, 1,700㎞에 달하는 철도 네트워크와 관련 인프라를 포함한 철광석 자산의 통합 포트폴리오를 운영하고 있다. 알루미늄 사업은 보크사이트 광산 채굴, 알루미나 정제소, 알루미늄 제련소를 운영 중이다. 보크사이트 광산은 호주, 브라질, 기니에 있다. 구리 사업에서는 구리, 금, 은, 몰리브덴, 그 밖의 부산물 채굴과 정제 및 시만두 철광석 프로젝트에 참가하고 탐사 활동을 펼친다. 광물 사업에서는 캐나다의 철광석회사와 함께 붕산염, 이산화티타늄 원료 등의 제품을 취급한다. 또 다이아몬드 채굴 및 선별, 마케팅도 병행하고 있다.

일반 소비자 대상의 사업을 전개하고 있지 않아서 리오틴토라는 이름을 처음 접하는 독자가 대부분이지 않을까 싶다. 하지만 글로벌 투자 세계에서 리오틴토는 **자원 메이저 기업으로 모르는 사람이 없을 정도로 매우 유명한 기업이고 우량 종목**이다.

자원 메이저란 철광석·보크사이트(알루미늄의 원료)·우라늄·금 등 귀금속·다이아몬드 같은 자원의 채굴, 정제 및 제품화 등의 이권을 쥐고 있는 거대 기업을 말한다.

세계 4대 자원 메이저로 꼽히는 기업은 **리오틴토, BHP그룹**(오스트리아[BHP]), **앵글로아메리칸**(영국[AAL]), **발레**(브라질[VALE])이다. 이 중에서도 규모가 가장 큰 기업이 리오틴토다.

일본에서는 종합상사가 일부 해외 광산의 이권을 보유하고 있는데, 그 이권의 몸통을 관리하는 곳이 자원 메이저다. 미국에 구리와 몰리브덴 등에 강한 프리포트맥모란(FCX)이라는 기업이 있지만, 리오틴토 등에 비하면 상대적으로 열세다.

리오틴토는 다른 자원 메이저보다 중국이나 인도의 경제성장 수혜를 받기가 쉽다는 장점이 있다. 앞으로 중국과 인도의 경제가 꾸준히 성장해 통신 네트워크 규모가 커지면 구리의 수요가 늘어날 테고, 철도를 새로 깔면 철광석, 주택이 늘면 알루미늄 등의 수요가 늘어날 텐데 리오틴토는 이러한 분야의 강자다.

이 밖에도 리오틴토는 누구보다 먼저 광산 운영 자동화를 도입하거나, 몽골 역사상 가장 큰 경제 사업으로 꼽히는 오유톨고이광산 개발에 참여하는 등 **경영 면에서의 선견지명이 돋보인다.**

자원 분야에서의 대항마는 BHP그룹이다. 규모는 BHP그룹이 크지만, 사업이 오스트리아에 편중된 데다가 미국의 셰일가스 사업, 캐나다의 탄산칼륨(비료) 사업 진출에 실패하는 등 경영이 순조롭지 못하다는 인상이 강하다.

리오틴토의 배당 수익률이 높은 이유는 구리 등의 국제 가격이 상승하면서 2019년 이후 특별 배당을 계속 하고 있어서다.

03 협동체 항공기에 강한 기업!
보잉과는 지금도 치열한 경쟁 중

 에어버스 (EADSY)

- 주요 상장국: 영국
- 섹터: 자본재·서비스
- 최근 주가(ADR): 25.17달러
- 시가총액(백만 달러): 79,350
- 매출 연평균 성장률(5년): 2.06%
- 영업이익 연평균 성장률(5년): 21.46%

- EPS 연평균 성장률(5년): 1.82%
- PER: 14.96
- PBR: 6.99
- ROE: 56.59
- 예상 배당 수익률: 1.8%

기업 개요

네덜란드에 본사를 둔 항공우주·방위산업 회사다.

사업은 크게 세 분야로 나뉘는데, 에어버스 사업은 민간항공기 및 항공기 부품의 개발·제조·마케팅·판매와 항공기 개조 및 관련 서비스를 제공한다. 에어버스 헬리콥터 사업은 민간 및 군용 헬리콥터 개발·제조·마케팅·판매와 헬리콥터 관련 서비스를 제공한다. 에어버스 방위 및 우주 사업은 군용 전투기와 훈련용 항공기의 제조, 방위용 전자기기·보안 시장 솔루션 제공, 미사일 제조·판매를 담당한다.

항공기 제조기업의 양대산맥이라 하면 에어버스와 보잉(BA)을 꼽을 수 있다. 특히 양사 주력 분야인 대형 여객기는 총 부품 수가 200만 개가 넘는 매우 복잡한 제품이며(자동차 부품 수는 약 10만 개), 그만큼 **진입장벽이 높아 두 강자의 싸움은 앞으로도 당분간 계속될 것으로 보인다. 1999년 에어버스가 처음으로 판매 주문량에서 보잉을 앞지른 후** 양사는 치열한 접전을 벌이고 있다.

항공기는 기내 통로의 개수에 따라 광동체(wide body)와 협동체(narrow body)로 나뉘는데, 광동체는 기내 통로 두 개에 좌석 수가 230석 이상인 항공기를 말한다. 한편 세계적으로는 통로 한 개에 좌석 수가 100~230석 정도인 협동체 항공기의 수요가 늘고 있다(참고로 기내 통로 한 개, 좌석 수 100석 미만의 항공기는 '리저널 제트[regional jet]'라고 한다). 아프리카 등의 신흥국, 저가항공, 국내 중소도시 간 연결 수요에는 협동체 항공기가 적합하다.

협동체 항공기는 조종석 디지털화 등으로 기체 조작이 쉽고 대체로 연비도 보잉보다 뛰어나기 때문에 에어버스를 선택하는 항공사가 늘고 있다. 특히 에어버스 A320패밀리는 수주가 1만 5,000대를 넘는 메가 히트를 기록했다.

반면 그 대항마인 보잉의 최신 기종인 보잉 737MAX는 연이은 추락 사고로 신뢰를 잃고 보잉 실적에 걸림돌이 되고 있다.

에어버스가 운반하는 것은 사람만이 아니다. 유통과 물류의 글로벌화로 **항공기를 사용한 국제 물류 수요가 증가하면 에어버스의 성장성도 더 커지리라 예상된다.** 또 우주와 군사 분야에서도 20% 정도의 매출을 올리고 있고, 헬리콥터 사업에서도 두각을 나타내고 있다.

04 세계 인구가 많아질수록
담배 시장도 우상향 성장

🇬🇧 브리티쉬아메리칸토바코 (BTI)

- 주요 상장국: 영국
- 섹터: 생활필수품
- 최근 주가(ADR): 43.03달러
- 시가총액(백만 달러): 97,364
- 매출 연평균 성장률(5년): 12.26%
- 영업이익 연평균 성장률(5년): 17.12%

- EPS 연평균 성장률(5년): 3.47%
- PER: 11.98
- PBR: 1.22
- ROE: 10.48
- 예상 배당 수익률: 6.4%

기업 개요

영국에 본사를 둔 담배 및 니코틴 제품 관련 종합 소비재 제조업체의 지주회사.

베이퍼(액상형 전자담배) · 가열 담배 · 파우치형 머금는 담배(입에 머금으며 니코틴을 흡수하는 제품-옮긴이) 등의 기존 담배 사업과 더불어 담배 및 니코틴 제품 포트폴리오 구축을 위한 투자도 추진 중이다. 전 세계 통합 공급망을 관리하며 전 세계 소매점에 판매한다. 사업은 미국 · 아시아태평양 · 중동 · 북남미 · 사하라 이남의 아프리카 · 유럽 · 북아프리카로 나뉜다. 최근에 발매된 머금는 담배는 흰색 파우치에 담겨 있으며 니코틴 · 물 및 기타 식품 등급의 성분으로 만들어졌다.

내가 브리티쉬아메리칸토바코를 높이 평가하는 이유는, 현금흐름할인법(DCF)을 사용해 미래 기업 가치를 현재 가치로 환산했을 때 주가가 저평가되어 있기 때문이다. 앞으로의 성장이 기대되는 기업이다. **비즈니스모델도 매우 견고하고 잉여현금흐름도 매년 긍정적이며, 경쟁 타사의 진입장벽이 높다**는 점도 높게 평가한다.

건강 의식 고취나 광고 규제 등의 영향으로 선진국에서는 흡연자 수가 꾸준히 줄고 있다. 세계적으로도 흡연자는 감소 추세지만, 그래도 10억 명 이상 존재한다. 특히 아프리카 등의 신흥국이나 이슬람 국가에서는 흡연자 비율이 여전히 높다. 또 2050년에는 세계 인구가 100억 명에 육박하리라는 예측도 있어 인구 증가와 더불어 흡연자와 흡연량도 늘어날 것으로 보인다.

미국 조사기관인 리포트오션은 2021년부터 2027년에 걸쳐 **담배 시장 규모가 연평균 6.7%씩 성장해 2027년에는 2,628억 달러에 달할 것으로 예상했다.**

또 전 세계적으로 대마에 포함된 환각물질인 마리화나를 피우는 인구가 늘고 있는데, 최근 태국에서는 아시아 최초로 대마의 가정 재배를 합법화해 화제가 됐다(공공장소에서의 흡입은 규제). 일본에서는 의료 목적 사용을 위한 움직임도 나오고 있다(현시점에

브리티쉬아메리칸토바코는 마리화나를 판매하고 있지는 않지만, 담배와 마리화나는 친화성이 높아서 음식물 시장으로 사업을 확대할 가능성도 있다. 왜냐면 앞으로 마리화나 성분이 들어간 음료나 식품의 소비가 증가하면 결과적으로 마리화나 소비도 늘어날 것이기 때문이다. 일례로 미국의 보스턴비어(SAM)는 마리화나 함유 음료 출시에 나섰다.

세계 점유율은 중국의 중국연초총공사, 미국의 필립모리스(PM)에 이어 3위지만, 이해관계자와 함께 지속가능한 사회 실현을 위해 노력한 실적, 투자 대비 높은 현금흐름 창출 등 경영 능력 면에서도 향후 글로벌 시장에서 존재감을 발휘할 기업은 브리티쉬아메리칸토바코라는 게 내 생각이다.

인도 특유의 젊은 힘으로 보이지 않는 곳에서
전 세계 IT 기업을 떠받치고 있는 회사

 인포시스 (INFY)

- 주요 상장국: 인도
- 섹터: 정보기술
- 최근 주가(ADR): 18.29달러
- 시가총액(백만 달러): 76,954
- 매출 연평균 성장률(5년): 13.70%
- 영업이익 연평균 성장률(5년): 10.64%

- EPS 연평균 성장률(5년): 10.80%
- PER: 27.07
- PBR: 7.91
- ROE: 29.15
- 예상 배당 수익률: 2.7%

기업 개요

컨설팅·테크놀로지·아웃소싱·차세대 디지털 서비스 회사.

금융 서비스·보험, 제조업, 소매·소비자 제품·물류, 에너지, 공익사업, 자원·서비스, 커뮤니케이션, 텔레콤OEM·미디어, 첨단 기술, 라이프사이언스·헬스케어 등의 사업을 전개한다. 중심 사업으로는 애플리케이션 관리, 독자적 애플리케이션 개발, 독립적인 검증 솔루션, 제품 엔지니어링과 관리, 인프라스트럭처 관리, 기존 엔터프라이즈 애플리케이션 설치·지원과 통합 서비스 등이 있다.

인포시스는 인도가 자랑하는 세계 최고 수준의 소프트웨어 기업이다. 1981년 창업 이후 1999년에 인도 기업 최초로 미국 나스닥에 상장하는 쾌거를 이루었다.

여담이지만, 취임 후 불과 45일 만에 사임한 리즈 트러스 영국 총리의 뒤를 이어 취임한 인도계 이민자 출신 전 재무장관 리시 수낵 총리의 아내 악샤타 무르티는 인포시스의 공동 창업자 나라야나 무르티의 딸로 알려져 있다.

인도의 인구는 2023년 기준 14억 2,900만 명으로 최근 중국을 제치고 세계 제일의 인구 대국으로 올라섰다. 일본과 대조적으로 젊은 인구 비율이 높은 나라이며(일본의 평균 연령은 48.4세, 인도는 28.4세로 20세나 젊다[2020년 시점]), 과거 영국의 식민지 지배를 받았던 역사 때문에 영어가 가능한 사람이 많고 프로그래밍 등 이공계 분야 인재도 많다.

IT화에 필수인 SE(시스템엔지니어)는 전 세계적으로 인재 부족이 심각하다. 일본에서도 어느 정도 실력 있는 SE를 고용하려면 연봉 1,000만 엔 정도는 준비해야 한다고 한다. 세계적인 IT 인재 부족을 해소하기 위해 인포시스는 **인도만의 특성을 살려 전 세계 클라이언트의 요구에 부응하고 있다.**

국내 개인투자자에게 인포시스는 다소 생소한 종목일 수도 있지만, 알고 보면 우리 중에도 인포시스의 소프트웨어를 사용하는 사람이 꽤 많다. 아이폰의 소프트웨어를 한국 기업이나 일본 기업이 담당하고 있듯이 인포시스는 소프트웨어 안에서 움직이는 비즈니스 애플리케이션을 OEM(상대 브랜드에서 생산) 방식으로 만들고 있기 때문이다.

IT화가 진행될수록 **IT 분야의 백오피스 기능을 인포시스 같은 인도 회사에 의뢰하는 기업이 전 세계적으로 늘어날 것이다.** 특히 인포시스는 세계 각국에 거점을 두고, 소프트웨어 제작 후의 유지 보수 및 A/S, BTO(비즈니스 트랜스포메이션 아웃소싱) 방식의 작업 아웃소싱 등을 저렴한 비용으로 제공하고 있다.

비슷한 글로벌 기업에 독일의 SAP도 있지만, 그들은 인포시스처럼 OEM 방식의 비즈니스모델은 전개하고 있지 않다. 양자컴퓨터처럼 최첨단 IT 분야에서는 IBM 같은 미국 기업이 조금 낫다. 그러나 어느 시대에나 최첨단의 기둥을 떠받치는 '보이지 않는 힘' 같은 존재가 필요한데, 그중에서도 인포시스는 독보적인 존재감을 발휘하는 기업이라 높이 평가할 만하다.

06 전기차 배터리의 필수 원료인 리튬 공급 기업

🇨🇱 소시에다드퀴미카이미네라 데칠레 (SQM)

- 주요 상장국: 칠레
- 섹터: 소재
- 최근 주가(ADR): 93.94달러
- 시가총액(백만 달러): 25,088
- 매출 연평균 성장률(5년): 58.40%
- 영업이익 연평균 성장률(5년): 15.64%

- EPS 연평균 성장률(5년): 14.50%
- PER: 20.51
- PBR: 8.42
- ROE: 49.10
- 예상 배당 수익률: 5.9%

기업 개요

칠레에 본사를 둔 특수 식물 영양소 및 화학 물질 제조 기업.

특수 식물 영양소 사업은 유기 비료와 영양 용액 생산을, 요오드 사업은 요오드 추출과 요오드 유도체 생산을 추진한다. 주로 충전식 배터리에 사용되는 리튬 또한 생산하며, 공업용 화학품 사업에서는 질산나트륨, 질산칼륨, 붕산 등의 화학 제품을 생산한다. 칼륨 사업은 염화칼륨과 황산칼륨을 생산한다. 기타 제품 및 서비스 사업은 타 사업을 지원하고 있다.

이 회사 역시 일반적인 인지도는 낮지만, 만약 TV도쿄 계열의 경제 정보 프로그램 〈News 모닝 새틀라이트〉를 꾸준히 시청한 사람이라면 **"또 그 얘기야?"라고 말할 정도로 알 만한 사람은 다 아는 유명한 종목**이다.

주목 종목으로 추천하는 목소리가 조금씩 들리기 시작한 게 벌써 10년쯤 전이고 관심 종목으로 떠오른 지는 1년쯤 됐다. 계기는 **'탄소 중립' 시대에 발맞춰 전기차 수요가 늘면서 배터리 수요가 급증**했기 때문이다.

전기차 배터리는 현재 리튬 이온 전지인데, 이 리튬을 생산하는 기업이 소시에다드퀴미카이미네라데칠레다. 칠레에 산재한 거대한 소금 호수에서 막대한 양의 리튬을 채굴하고 있다.

소시에다드퀴미카이미네라데칠레의 주요 사업은 원래 비료였다. 그런데 내연 기관에서 모터 구동으로 자동차 업계의 패러다임이 바뀌고 리튬이라는 소재가 각광을 받게 되면서 유력 종목으로 자리매김했다.

주가는 충분히 비싸지만, 2022년 12월에 발표될 실적을 감안한 예상 PER은 20배 정도(2023년 6월 시점 4.73배[네이버페이증권 데이터 참고]-옮긴이)라서 아직 고평가 수준이라고 보기는 어렵다. 앞으로 더욱 상승할 여지가 높다.

일본 주식 PER이 20배라면 주가가 고평가됐다고 말할 수 있겠지만, 글로벌 주식은 성장성이 높아서 **PER 20배 정도여도 결코 고평가됐다고 말하기 힘든 경우가 많다.**

07 세계 반도체 수요 증가 속 더 큰 성장이 기대되는 기업

타이완반도체매뉴팩처링 (TSM)

- ● 주요 상장국: 대만
- ● 섹터: 정보기술
- ● 최근 주가(ADR): 89.13달러
- ● 시가총액(백만 달러): 462,260
- ● 매출 연평균 성장률(5년): 17.68%
- ● 영업이익 연평균 성장률(5년): 11.45%

- ● EPS 연평균 성장률(5년): 12.29%
- ● PER: 20.01
- ● PBR: 5.70
- ● ROE: 31.01
- ● 예상 배당 수익률: 2.3%

기업 개요

대만에 본사를 둔 집적회로 및 반도체 제품 제조·판매 회사.

집적회로 및 기타 반도체 디바이스 제조·판매·패키징테스트, 마스크 제조, 컴퓨터 지원설계 서비스를 제공한다. 컴퓨터와 주변 제품, 정보 애플리케이션, 유무선통신 시스템, 산업기기, 디지털 비디오 디스크 플레이어 등의 가전제품, 게임기, 디지털 비디오 및 카메라에 사용된다. 또 5나노미터 프로세스 기술, 마스크 기술, 상보성금속산화막반도체(CMOS) 이미지 센서 기술, 3차원 집적회로, 시스템온 기술 등도 개발한다. 미국·아시아·유럽에 제품을 판매한다.

반도체가 '산업의 쌀'이라 불린 지 이미 오래지만, IoT(사물인터넷)가 본격화됨에 따라 반도체 수요는 더욱 증가하고 있다.

코로나 사태와 이로 인한 중국의 도시 봉쇄 여파로 세계 규모의 반도체 부족 사태가 발생했다. 그래서 일본에서는 에어컨이나 세탁기, 온수기 등의 품귀현상이 벌어졌고, 도요타자동차(7203) 등은 자동차 생산에 차질을 빚기도 했다.

스마트폰의 5G/6G 상용화, 자동차 전기화, 사람이나 온도·습도 등을 감지하는 센서 기술, 단말기 근처에 서버를 분산 배치하는 '에지 컴퓨팅' 등이 발전할수록 반도체가 활약하는 분야는 더욱 늘어날 것이다. 앞으로 몇 년 안에 **인터넷에 연결된 디바이스 수가 90% 이상 늘어날 것이라는 보고도 있다.** 사람이나 데이터를 포함한 IoE(만물인터넷)화가 현실이 되면 모든 사물에 반도체가 탑재될지도 모른다.

이러한 반도체 수요 증가에 부응하는 기업이 바로 세계 최대의 반도체 위탁제조 기업(파운드리) 타이완반도체매뉴팩처링이다.

하루가 다르게 기술 개혁이 일어나는 반도체 제조 세계에서 공장이나 제조 장비에 투자하는 일은 큰 위험을 수반한다. 그래서 반도체 설계·개발에만 집중하는 팹리스(자체 공장 없음) 반도체 기업이 대두하고 있다. 존재감을 높이고 있는 미국의 퀄컴(QCOM), 브로드컴(AVGO), 엔비디아(NVDA) 등이 바로 이런 기업이다.

이러한 팹리스 반도체 기업으로부터 위탁을 받아 그들의 요구에 맞는 반도체를 주문 제작 방식으로 제조하는 곳이 바로 타이완반도체매뉴팩처링이다. 이름에서 알 수 있듯이 본거지는 대만이지만 미국 등 해외에도 공장을 두고 있다.

일본에도 소니그룹(6758), 덴소(6902)가 출자한 자회사 JASM을 설립했다. 총 투자액 86억 달러(약 1.1조 엔. 이 중 최대 4,760억 엔을 일본 정부가 보조금으로 출연한다고 한다)를 들여 구마모토에 설립하는 새로운 공장은 2024년 12월 생산 개시를 앞두고 있다.

타이완반도체매뉴팩처링은 세계에서 시가총액이 가장 큰 반도체 기업이다. 주가는 꽤 높은 수준이지만, 세계 인구가 증가할수록 반도체 수요도 증가하기 때문에 당분간은 세계 GDP 성장률을 웃도는 성장이 기대된다. 이러한 실적 성장 가능성은 주가에 충분히 반영되어 있지 않다.

08 위험 분산 재보험으로 국제 사회 인프라를 뒷받침

뮌헨재보험 (MURGY)

- 주요 상장국: 독일
- 섹터: 금융
- 최근 주가(ADR): 23.64달러
- 시가총액(백만 달러): 33,119
- 매출 연평균 성장률(5년): 0.70%
- 영업이익 연평균 성장률(5년): 13.17%

- EPS 연평균 성장률(5년): 5.35%
- PER: 10.75
- PBR: 1.15
- ROE: 10.35
- 예상 배당 수익률: 5.1%

기업 개요

독일에 본사를 둔 재보험 및 보험 사업 회사.

재보험, 원수보험, 뮌헨 건강 및 자산관리 업무로 구성되어 있다. 재보험 사업은 생명보험부문, 유럽·중남미부문, 독일·아시아태평양·아프리카부문, 전문·금융 리스크부문 및 세계 고객·북미부문을 통해 운영한다. 전통적인 재보험 상품부터 위험 가정 솔루션까지 일련의 상품을 제공한다. 뮌헨 건강 및 자산관리 업무는 국제 건강 재보험 사업, 독일 이외의 건강 원수보험 사업 외에 위험 관리 서비스를 제공한다.

'인프라'라고 하면 전기·가스·상하수도 등을 떠올리는 사람이 많을 텐데, 사실은 재보험(Reinsurance)도 중요한 사회 인프라 중 하나다.

우리는 매일 TV에서 교통사고나 화재에 대비한 손해보험, 암 등에 대비한 의료보험이나 생명보험 광고를 접한다. 그런데 손해보험회사나 생명보험회사도 보험 계약 위험을 분산시키기 위해 **'보험의 보험'**을 든다. 이것이 '재보험'이다.

뮌헨재보험은 세계 재보험 분야 1위 기업이다. 2020년 재보험회사의 세계 시장 점유율 순위에서 뮌헨재보험이 13.2%를 차지해 1위에 올랐고, 2위는 10.7%를 차지한 스위스재보험(SREN), 3위는 8.7%의 하노버재보험(HNRI)인데, 규모뿐 아니라 주가도 뮌헨재보험이 점유율 하위 종목들보다 흐름이 양호하다. 영국의 로이즈 또한 재보험 기업으로 유명하지만, 세계 점유율은 5% 정도에 불과하다.

뮌헨재보험은 세계 대도시의 재해 위험도 지수를 공개하고 있는데, 과거 도쿄가 위험도 세계 1위에 올라 일본 언론에서 크게 화제가 된 바 있다. 또 2016년에 발생한 일본의 구마모토 지진이 그해 발생한 자연재해로 인한 손실과 지불된 보험 금액 부문에서 세계 1위를 차지했다는 발표도 있었다.

일본은 대지진이나 쓰나미 등 자연재해의 위험이 큰 나라지만, 유럽의 재보험회사에 필적할 만한 유사 대기업이 존재하지 않는다. 이는 미국도 마찬가지다. **이 분야 선두 기업들은 모두 독일과 스위스 등 유럽에 본사가 있다.**

그렇다면 왜 유럽에 대형 재보험회사가 집중해 있을까? 바로 금융 관련 제도와 법률 차이 때문이다.

미국과 일본은 모두 은행과 증권사 겸업을 인정하지 않는 '은증분리'라는 제도를 채택하고 있다. 하지만 유럽(특히 독일과 프랑스)에서는 전통적으로 은행과 증권을 일체적으로 융합하는 유니버설뱅크제도(은증일체)를 채택하고 있다.

'보험의 보험'을 위해 많은 위험을 감수하려면 그에 상응하는 규모의 자산이 필요하다. 유니버설뱅크제도에서는 필요한 만큼 몸집을 키울 수 있고, 더 많은 위험도 감당할 수 있기 때문에 재보험 사업을 전개하기에 용이하다(이를 '대차대조표를 활용한 비즈니스 모델'이라고 한다).

이처럼 **제도적으로도 진입장벽이 높은 비즈니스**라서 앞으로도 뮌헨재보험의 경쟁 우위는 변하지 않을 것이라 나는 예상한다.

09

전 세계에 패키지푸드의 맛을 결정하는 향료를 제공

 지보단 (GVDNY)

- 주요 상장국: 스위스
- 섹터: 소재
- 최근 주가(ADR): 63.86달러
- 시가총액(백만 달러): 29,483
- 매출 연평균 성장률(5년): 7.37%
- 영업이익 연평균 성장률(5년): 4.41%

- EPS 연평균 성장률(5년): 4.97%
- PER: 35.69
- PBR: 7.46
- ROE: 22.13
- 예상 배당 수익률: 2.1%

기업 개요

스위스에 본사를 둔 향수·향료 회사.

향수와 향료 부문으로 이루어져 있다. 향수 사업은 향수 전반을 비롯해 고급 향수, 퍼스널케어, 헤어·스킨케어, 가정용케어, 구강케어를 포함한 소비자용 제품, 향수 원료 등을 취급하고, 화장품 사업 중심의 향수 제조 및 판매도 한다. 향료 사업은 소프트드링크, 과일주스, 인스턴트드링크용 향료를 포함한 음료, 아이스크림, 요구르트, 디저트 등을 포함한 유제품, 수프와 소스를 포함한 세이보리, 과자를 포함한 사업을 통해 향료를 제조·판매한다.

스위스는 글로벌 기업의 보고다. 인구는 867만 명, 면적은 한반도의 5분의 1 정도밖에 되지 않는 작은 나라지만, 부족한 내수 극복을 위해 탁월한 브랜드 전략과 고부가가치 전략을 구사해 경쟁력을 높이며 전 세계로 뻗어나가는 기업이 많다.

지보단도 이러한 스위스에서 출발한 향료(향수 원료와 식품 향료)를 취급하는 글로벌 기업이다. 창립 250년이 넘는 역사 깊은 회사로 **향료 분야에서는 세계 1위**다. 그중에서도 내가 특히 주목하는 사업이 음식이나 음료에 맛있는 풍미를 가미하는 '식품 향료' 분야다.

뇌과학 연구에 따르면 뇌가 느끼는 맛 중 혀로 느끼는 맛은 20% 정도이고 나머지 80%는 목구멍 안쪽에서 코로 빠져나갈 때 느끼는 풍미라고 한다.

예를 들어 빙수 위에 뿌리는 시럽의 기본 맛은 모두 같고, 향료와 색을 사용해 딸기나 멜론 등의 차이를 만든다. 감기에 걸리면 좋아하는 음식을 먹어도 맛이 느껴지지 않는 이유는 후각의 기능이 떨어졌기 때문이다. 코로나에 걸렸을 때 후각이 마비돼 음식 맛을 느끼지 못하는 후유증이 문제가 되기도 했다. 이러한 과학적인 사실에 비추어보면 음식과 음료의 맛을 결정하는 큰 요소는 사실 식품 향료인 셈이다.

무엇을 좋은 향, 맛있는 향이라 인식하는지는 사람마다 다르고 식문화에 따라서도 미묘하게 다른데, 개인과 지역 사정을 살펴 전 세계적으로 세분화한 식품 향료를 제공한다는 점이 지보단의 강점이다.

세계 인구가 늘고 여성의 사회 진출이 활발해짐에 따라 간편하게 먹을 수 있는 '포장 식품'의 수요가 증가하고 있다. 선진국을 중심으로 가속화하는 도시화, 1인 가구화, 고령화 등도 포장 식품 수요를 끌어올리고 있다. **그런데 포장 식품의 맛은 식품 향료가 좌우한다고 해도 과언이 아니다. 바로 여기에 지보단의 잠재력이 숨어 있다.**

식품과 관련된 스위스 글로벌 기업에는 지보단 외에도 네슬레(NSRGY)가 있다. 네슬레는 세계 최대의 식품·음료 기업으로 시가 총액은 지보단의 10배 정도다. 식품 관련 투자처로 네슬레를 선택하는 방법도 있다.

참고로 이 책 집필 시점에서 네슬레의 주가는 108.14달러, PER은 17.76, PBR은 5.60, ROE는 34.21, 예상 배당 수익률은 2.7%다.

10

전 세계 셀럽에게 사랑받는 명문이자
부유층이 선호하는 투자처

█ █ 페라리 (RACE)

- 주요 상장국: 이탈리아
- 섹터: 일반소비재
- 최근 주가(ADR): 176.87달러
- 시가총액(백만 달러): 29,483
- 매출 연평균 성장률(5년): 7.86%
- 영업이익 연평균 성장률(5년): 12.57%

- EPS 연평균 성장률(5년): 16.36%
- PER: 36.17
- PBR: 13.97
- ROE: 40.41
- 예상 배당 수익률: 0.9%

기업 개요

이탈리아에 본사를 둔 스포츠카 설계, 제조 및 판매 회사.

'페라리' 브랜드를 운영하며, 한정 시리즈나 원오프카(세계에서 단 하나뿐인 주문제작 자동차)를 제조한다. 또 '페라리 파이낸셜 서비스'를 통해 금융 서비스도 제공한다. 전 세계 60개가 넘는 시장에서 공식대리점 네트워크를 통해 사업을 전개한다.

페라리는 누구나 다 아는 초호화 스포츠카 제조회사다. 전 세계 셀럽들에게 사랑받는 슈퍼카의 대명사로 부유층 대상의 사업을 전개 중이다. 페라리 역시 격차 사회 가속화의 수혜 종목이다.

자동차 대국인 미국에는 페라리 같은 레이싱카와 스포츠카만을 제조하는 전문 제조업체가 없기 때문에 이러한 종목에 투자하는 게 글로벌 투자의 묘미이기도 하다.

도요타자동차(7203)나 폭스바겐(VWAGY) 같은 대형 자동차 업체들은 대량 생산이 기본이지만, 페라리의 비즈니스모델은 정반대다. **희소성을 높이기 위해 연간 생산 대수를 일부러 억제하는 독자적인 전략**을 펼친다.

도요타의 생산 대수는 연간 1,000만 대 정도인 반면 페라리는 1만 대 안팎에 불과하다. 모델에 따라 다르지만, 대당 가격은 3,000만~4,000만 엔 정도다. 도요타나 폭스바겐 등이 제조하는 대중차의 10배가 넘는 가격으로 **대당 이익은 1,000만~2,000만 엔**에 달할 것으로 추정된다.

그래서 탄생한 것이 속칭 '페라리 투자'다. 부유층 중에는 페라리를 투자 대상으로 삼는 사람도 있다.

페라리 중에서도 특히 희소성이 높은 한정 모델은 몇 년 후 가격이 두 배로 뛰기도 한다. 소중히 타고(혹은 황홀하게 바라보기만 하다 가) 자택 차고 등에 보관해두면 쑥쑥 자라 커다란 자산이 된다. 설령 대출을 받았다고 해도 잘만 하면 이자를 웃도는 수익을 올릴 수 있다.

페라리는 전기차에도 속도를 내서 **2025년에는 처음으로 순수 전기차 모델을 출시한다고 발표**했다. 또 **2030년까지 전기차 비율을 40%, 하이브리드 차량 비율을 40%까지 각각 끌어올리고 기존 내연기관(ICE) 차는 20%까지 줄인다**는 방침이다.

설령 대출을 받아도 페라리를 살 여유가 없다면 페라리 주식을 사서 투자하는 방법도 있다. 페라리는 ADR 시장에는 상장되어 있지 않다. 이탈리아와 미국 모두에 이중 상장돼 있으므로 국내 개인투자자도 미국 시장에서 매수할 수 있다. 'RACE'라는 티커도 특이하고 재미있다.

PART 6

글로벌 투자 방법

'똑똑한 투자자'가 되자

당신은 부유층 하면 어떤 이미지가 떠오르는가? 스위스 근교 프라이빗뱅크에 돈을 맡기고 꼬박꼬박 수수료를 내는 대신 "나머지는 알아서"라며 자산관리를 통째로 위임하는 장면을 떠올리는 사람이 많지 않을까?

물론 그런 사람도 있겠지만, 내가 아는 한 최근 증가하는 신흥 부유층 가운데 자산관리를 이런 식으로 하는 사람은 별로 없다. **우리에게 전문적인 정보나 조언을 구하긴 하지만, 무엇에 어떻게 투자할지는 대부분 직접 판단하고 결정한다.**

특히 창업으로 성공한 신흥 부유층 중에는 예상 위험과 기대수익의 최적화를 추구하는 사람이 많은 듯하다. 창업 자체가 위험을 동반하는 일이라서 투자와의 궁합이 잘 맞는 게 아닐까 싶다.

바꿔 말하자면, 위험을 감수하며 꾸준히 새로운 일에 뛰어드는 도전 정신이 강하기 때문에, 어찌 보면 투자 이상의 위험을 동반하는 창업에 뛰어들어 기회를 잡고 성공궤도에 올라 부자가 된 건지도 모르겠다.

다른 사람에게 맡기는 게 편한 '외주파(아웃소싱)' 부자라도 "지금 플러스? 아니면 마이너스? 왜 이런 결과가 나왔지?" 정도는 묻는다. 완전히 맡기고 신경도 안 쓰는 사람은 거의 없다.

주식 투자에는 위험과 수익의 균형을 절묘하게 맞추며 승률을 겨루는 게임적 요소가 있다. 게임을 하는 사람은 누구나 자신만의 전략과 전술이 있다. 주식 투자에서도 **자기만의 전략과 전술을 집약한 '승리 방정식'이 중요**하다.

머리에 떠오르는 대로 즉흥적으로 투자를 하거나 누군가 추천한 종목을 아무런 검증도 거치지 않고 사거나 하면, 주식 투자를 아무리 오래 해도 '승리 방정식'을 확립하기가 어렵고 투자자로서의 성장도 기대하기 힘들다. 왜 그 종목과 투자법이 좋은지 가설을 세워 검증하는 시행착오를 거듭해야 종목 선정과 투자법에 대한 안목이 길러지면서 점점 '고수'다워진다. 자산을 확실히 불리고 싶다면 이러한 '스마트 인베스터(똑똑한 투자자)'로서의 자세가 필수다.

글로벌 투자를 실천 중인 신흥 부유층 중에는 그야말로 스마트 인베스터라 불릴 만한 사람이 많다. 부유층뿐 아니라 개인투자자도 승률을 높여 자산을 증식하고 싶다면 스마트 인베스터를 지향하자.

일주일에 한 번은
포트폴리오와 마주한다

주식을 사서 절대 팔지 않고 그냥 두는 걸 '베이케이션 투자'라고 부른다. 개별주나 ETF를 샀다면, 나머지는 돈이 열심히 일하도록 놔두고 베이케이션(vacation, 휴가)을 떠나는 등 신경을 꺼도 괜찮은 투자라는 의미다.

투자 운용 성적이 가장 좋은 사람은 '투자했다는 사실을 잊어버린 사람'과 '이미 사망한 사람'이었다는 도시 전설도 있다.

도시 전설의 사실 여부를 떠나서 '장기×복리 운용' 투자가 성과가 높은 건 틀림없기에 베이케이션 투자도 나쁜 방법은 아니다(무얼 감추겠는가. 나는 《베이케이션 투자 전략, 1년에 20분 투자해서 경제적 자유를 얻다》[알렉산더 그린 지음, 국내 미발매]라는 책의 감수를 맡은 적이 있다).

내가 감수한 책에서는 1년에 단 20분만 투자해 종목 교체 리밸런싱을 하라고 권장하지만, 그랬다간 더 많은 시간을 투자해 탄력적으로 관리하는 경우와 비교해 성과가 저조할 수밖에 없다.

그렇다고 해서 스마트폰으로 하루에도 몇 번씩 주식 시장 동향이나 레이더 스크린(등록 종목 목록) 종목이 어떻게 움직이는지 확인할 필요는 없다. 그러면 일도 집안일도 손에 잡히지 않는다. **내가 추천하는 방법은 일주일에 한 번, 예를 들어 토요일 오전 등에 자신의 포트폴리오와 마주하라는 것이다.** 일주일에 한 번이면 부담스럽지도 않고 일이나 생활에도 지장을 주지 않는다. 물론 금요일 저녁이나 일요일 오후도 괜찮다.

베이케이션 투자의 나쁜 사례 중 하나가 얼마 전까지만 해도 기업 연금의 주류였던 '확정급여형 퇴직연금(DB)'이다.

확정급여형 퇴직연금은 기존의 후생연금기금(한국의 국민연금과 유사-옮긴이)이나 적격퇴직연금(일본 퇴직연금의 원조 격으로 한국의 퇴직보험과 유사-옮긴이)을 대신해 등장한 연금 시스템이다. 노사 합의 아래 근로자가 받게 될 미래의 연금 급여액(투자로 치면 수익률)을 정하고, 이를 위한 부금을 회사가 부담하는 방식이다.

이 시스템에서 운용은 회사가 알아서 한다. 어떻게 운용할지 노동자는 생각할 필요가 없다. 운용의 주체는 기업이며, 운용 성과가 좋지 않아 정해진 급여금을 못 받게 되면 **부족분은 기업이 메워주는 제도**이기 때문이다.

직장인은 (연 1회의 리밸런싱조차 불필요) 그냥 맡겨두기만 하면 정해진 수익을 얻을 수 있다. 그 점에서는 베이케이션 투자와 성격이 비슷하다고 할 수 있다.

그런데 2021년 12월 10일자 니혼게이자이신문에 따르면 상장 기업의 확정급여형 퇴직연금을 조사한 결과, 수급자에게 지급하는 총액이 부금 총액을 초과하는 고갈기에 접어든 기업이 절반에 달했다고 한다. 이러한 이유로 확정급여형 퇴직연금을 폐지하거나 퇴직연금 자체를 폐지하는 움직임도 나타나고 있다.

직장인의 퇴직 이후의 삶에 반드시 필요한 자산 운용을 기업이라는 타인에게 맡긴 결과, 소위 '노후 2,000만 엔 문제'가 수면 위로 떠오른 것이다.

이후 '얼마를 받는가?' 하는 연금 급여액을 보증하는 형태가 아닌, 연금에 '얼마를 투자하는가?' 하는 부과 금액(적립 금액)이 정해져 있는 '확정기여형 퇴직연금(DC)'을 도입하는 기업이 늘었다.

확정기여형 퇴직연금은 기업이 사원을 위해 적립하는 연금으로 사원이 직접 금융상품을 골라 운용한다. 이 운용 성과에 따라 퇴직 후 수령 가능한 급여액이 달라진다. **이 구조에서는 그냥 맡겨두기만 하면 정해진 수익이 손에 들어온다는 보장이 없다.**

퇴직연금조차도 베이케이션 투자식 발상에서 벗어나고 있는 시대인 만큼, 개인투자자의 글로벌 투자에서도 일주일에 한 번은 포트폴리오를 들여다보는 시간을 가져야 한다.

'적극적 투자'는 하루에 한 번 주식 투자를 확인한다

자산 피라미드의 토대를 이루는 '보수적 투자'는 일주일에 한 번 확인해도 괜찮다. 배당금을 중시하는 만큼 투자 기간도 길어지기 때문에 그 정도 빈도여도 큰 문제가 없다.

그러나 그 위에 쌓아 올린 '적극적 투자'는 보수적 투자에 비하면 투자 기간이 전체적으로 짧은 편이다. 시장 상황을 잘 살피고 주가 변화 타이밍을 잘 포착하는 등 기동성 있는 매매가 필요한 상황이 많은데, 그러면 일주일에 한 번만 점검해서는 충분하지 않다.

주 1회 확인에 그치면, 주가가 더 싸지면 사야지 하고 벼르고 있던 종목이 하락해 '바겐세일'이 시작했는데도 타이밍을 놓쳐버릴 수 있다.

적극적 투자라면 하루에 한 번은 주식 상황을 확인하는 시간을 갖

도록 한다. 요즘은 스마트폰으로도 간단히 실적이나 주가 등을 확인할 수 있는 환경이 갖춰져 있으므로 **점심시간이나 출퇴근 시간 등을 활용하면 충분히 가능하다.**

미국 주식도, ADR 시장에서 거래되는 글로벌 주식도, 개장 시간은 우리 시간으로 밤 11시 30분부터 다음 날 아침 6시까지다 (3월 두 번째 일요일부터 11월 첫 번째 일요일까지의 썸머타임 때는 밤 10시 30분부터 다음 날 새벽 5시). 이 시간대의 가격 변동을 실시간으로 쫓을라치면 밤낮이 바뀐 생활을 해야 한다. 전업 투자자도 이런 생활을 계속하면 무리가 된다. 하물며 낮에 직장을 가야 하는 겸업 투자자에게 이것이 가능할 리 없다. 국내에 거주하는 부유층도 일상생활을 중시하기 때문에 투자를 위해 생활 리듬을 크게 망가뜨리는 일은 하지 않는다.

밤낮이 바뀌면서까지 실시간으로 감시하지 않아도, 낮에 반나절 정도 늦게 시황이나 주가를 확인하면, **실제 투자 여부는 차치하고라도 '바겐세일' 개시 알람을 못 듣고 놓치는 일은 없을 것**이다. 그런 다음 지정가로 주문을 넣어두면 세일이 끝나기 전에 분명 원하는 종목을 손에 넣을 수 있다.

그렇다고 해서 '적극적 투자에서는 반드시 하루 한 번은 시황과 레이더 스크린 종목 주가를 확인해야 한다'는 식으로 의무화할 필요는 없다. 이는 보수적 투자에서도 마찬가지다. 반드시 일주일에 한 번 확인하지 않아도 된다. 애당초 투자는 의무가 아니기 때문이다.

투자뿐 아니라 무슨 일이든 '~해야 한다'라고 느끼는 순간, 그 일 자체가 심리적으로 힘들어지는 법이다. 의무라는 생각에 짓눌리면 어떤 사정이 생겨 그것을 하지 못하게 됐을 때 스트레스를 받는다.

누구나 한 번쯤 경험했겠지만, 스트레스를 동반하는 일은 오래가지 못한다. **장기적 관점에서 투자를 습관화하기 위해서는 확인 작업을 의무화하지 않는 것이 의외로 중요하다.**

투자 경험이 쌓이다 보면 어느새 투자는 의무가 아닌 즐거움으로 변한다. 내가 예상한 기업 실적이나 주가가 맞았는지, 아니면 틀렸는지 답을 맞춰보는 게 게임처럼 재미있어진다. 이렇게만 되면 더 이상 바랄 게 없다. **확인이 의무처럼 느껴지지 않고, 자발적으로 하루에 한 번 들여다보고 싶어진다.**

그냥 방치하지 않고 정기적으로 확인하는 게 더 좋다는 걸 이해하고 투자의 재미를 실감하게 될 때까지는 '보고 싶을 때 보는' 느긋한 태도로 해도 괜찮다. 적극적 투자의 비중이 더 커지면 보수적인 투자 위주로 돌아갔을 때와 달리 일주일에 한 번만 확인해서는 부족하다고 느낄 테고, 그러면 '역시 좀 더 자주 보는 게 좋겠어'라는 생각이 자연스레 들게 될 테니 말이다.

투자 체험을 밀푀유처럼
쌓아 올린다

포트폴리오와 마주하는 시간을 만들었다면, 무엇을 해야 할까?

간단히 말하자면 **기업 실적을 분석하고 시장 상황과 주가 변동에 따라 지금 무엇을 할지 판단한다.**

다시 한번 강조하지만, '자산 형성 피라미드®'의 펀드매니저는 바로 나 자신이다. 다른 누군가의 조언에 따라 운용하는 것이 아니다. 자신이 펀드매니저임을 자각하고 주체적으로 운용한다는 각오가 필요하다.

기업의 실적과 주가는 다양한 요인에 의해 움직인다. 코로나 바이러스나 러시아의 우크라이나 침공 같은 거시적 요인이 있는가 하면, 새로운 상품과 서비스의 판매 부진, 또는 경영진 불상사 같은 개별 종목에서 비롯된 미시적 요인도 있다.

'장기×복리 운용'이 철칙인 만큼, 미세한 실적 변동이나 주가 움직임에 일일이 반응하며 매매하는 건 바람직하지 않다. 그러나 큰 변화가 생겼을 때는 자산을 교체하는 포트폴리오 리밸런싱이 필요하다. 리밸런싱으로 포트폴리오를 최적화해야 보수적 투자에서는 연율 10~12%, 적극적 투자에서는 연율 10~20%의 실적을 기대할 수 있다.

이때 **타깃 종목은 무엇이고 언제 매수할 것인가 하는 입구 전략도 중요하지만, 매수한 종목을 언제 어떻게 처분할지 같은 출구 전략도 못지않게 중요**하다.

예를 들어 레이더 스크린 종목의 주가가 계속 하락하더니 연초 이후 최저치를 기록했다고 치자. 이때 어떻게 행동해야 할까?

하락세가 계속되고 있으니 한 번 더 하락하리라 예상하고 잠시 상황을 지켜본 후 매수하는 방법이 있다. 아니면 해당 종목의 실적과 실력에 비추어볼 때 아무리 봐도 너무 팔렸으니 지금 당장 매수하는 게 좋겠다고 판단하는 사람도 있을 것이다.

주식 매매 타이밍에 관한 격언 중 **"끝이라고 생각하면 아직, 아직이라고 생각하면 끝"**이라는 유명한 말이 있다. 주가가 바닥을 친 듯해도 거기가 바닥이 아니라 더 떨어질 수도 있고, 좀 더 떨어질 것 같은데 이미 거기가 바닥일 수도 있다는 말이다.

바닥(최저치)을 쳤을 때 사서 천장(최고치)을 찍을 때 판다면 투자 효율을 극대화할 수 있다. 하지만 그것만 바라보고 있는 건 현실적이지 않다. 그 타이밍은 신만 아는 영역이다. **"생선의 머리(천장)와 꼬리(바닥)는 고양이에게 줘라"**라는 격언이 있을 정도로, 아무리 전문 투자자라도 시간이 지나봐야 알 수 있는 법이다.

어떤 투자 판단을 내리더라도 그것이 최선이라는 확신은 없다. 하지만 만약 최선의 판단을 내리지 못해 아쉬움이 남는다고 해도 이 또한 경험치로 쌓인다.

매수한 종목의 주가는 하락하고 매도한 종목의 주가는 상승하는, 이러한 속 쓰린 실패 경험을 하더라도 그것은 본인만의 귀중한 경험이다.

투자 서적이나 블로그 등에서도 배우지만, 실천보다 더 좋은 배움은 없다. 더구나 아쉬움이라는 감정을 동반한 기억이나 경험은 오래도록 남는 법이다. 기억과 실제 경험을 밀푀유처럼 차곡차곡 쌓아가며 개인투자자로 성장해나가자. 글로벌 주식이나 미국 주식은 길게 보면 우상향을 기대할 수 있으므로 꾸준히 하면 성과도 나오게 마련이다.

현물 거래에 한하고, **종목당 투자 금액을 전체 4% 이내로 제한한다는 원칙**만 잘 지키면 주식 투자에서도 골절 같은 큰 부상을 당할 위험은 줄일 수 있다.

포트폴리오에 중국 주식은 넣지 않는다

전 세계 기관투자자가 운용 기준으로 사용하는 MSCI(모건스탠리 캐피털인터내셔널) 지수에는 중국 주식이 편입돼 있지만, 나는 내 고객인 신흥 부유층에게 중국 주식 투자를 권유하지 않는다. 모든 투자에는 위험이 존재하기 마련이지만, **중국 주식은 컨트리 리스크가 너무 높다고 판단하기 때문**이다.

2030년대에는 중국이 미국의 GDP를 따라잡을 것이라는 전망도 있는 등, 향후 중국 주식이 계속 최고가를 경신할 가능성은 있다. 실제로 중국의 미래성과 성장성을 내다보고 과감히 투자하는 사람도 있다. 소프트뱅크그룹(9984)의 손정의 회장도 그중 한 명이었다.

애당초 컨트리 리스크란 주식 발행자(기업)가 본거지를 둔 국가, 증권 시장을 관할하는 국가에서 정치·경제·사회 정세상의 큰 변화나 천재지변이 발생해 주가가 하락하거나 매매가 제한되고 매매를 할 수 없게 될 위험을 말한다.

일본에도 대지진 등의 컨트리 리스크는 존재하지만, 중국공산당 일당 지배 체제인 중국에서는 정부의 정책 방침 전환, 법률 개정, 새로운 규제 등으로 주식 시장이 지대한 영향을 받을 우려가 항시 있다.

중국 상장 기업의 경우 **주식이 대주주 몇몇에 집중되어 있는 일이 많고, 심지어 대기업에서는 국유 지주회사를 경유해 중국 정부가 우회적으로 지분을 보유하고 있는 사례가 빈번하다.** 이 때문에 중국 정부의 의도에 크게 휘둘리기 십상이다.

2021년에는 중국 최대의 인터넷 통신판매업체인 알리바바그룹홀딩스(BABA)의 창업자이자 중국에서도 손꼽히는 대부호인 마윈이 약 3개월 동안 공식 석상에 모습을 드러내지 않는 '실종 소동'이 벌어졌다. 진상은 밝혀지지 않았지만, 마윈이 중국 정부의 금융 정책을 비판하고 또 그의 힘이 지나치게 커지자 당국에 구속된 게 아니냐는 소문이 떠돌았다. 알리바바에 일어난 일이 다른 중국 기업에서도 일어나지 말란 법은 없다.

싱가포르나 말레이시아에 거주하는 중국계 화교 중에도 홈컨트리 바이어스로 중국 주식에 투자하는 사람은 얼마 없는 듯하다. 아마 컨트리 리스크를 고려했으리라.

싱가포르에서는 화교가 전체 인구의 75%를 차지하는데, 나와 친하게 지내는 싱가포르인 경제학자와 이야기를 나눠봐도 인도 주식이나 금 이야기는 자주 하지만 중국 주식이 화제에 오르는 일은 많지 않다.

향후 정세는 불투명하지만, 위험을 줄이며 국제분산투자를 하기 원한다면 일단 **중국 주식은 투자 대상에서 제외하는 게 무난**할 듯하다.

주식 외 투자에서
ETF를 활용해본다

자산 전체를 조망했을 때 자산 운용이 글로벌 투자 등의 주식 투자에 편중되어 있다면, 이 또한 분산투자 원칙상 피해야 한다. 어떠한 이유로 전 세계 주가가 하락세로 돌아섰을 때를 대비해 손실 위험을 줄여야 하기 때문이다. 신흥 부유층 중에도 주식 투자 외에 국내외 채권이나 부동산, 금 등의 원자재 상품에 분산투자하는 사람이 많다.

글로벌 주식 투자 이외의 분산투자에서 손쉽게 활용할 수 있는 상품이 바로 ETF(상장지수펀드)다. 주식 외에도 전 세계나 미국 등의 채권 지수에 연동하는 '해외채권 ETF', 부동산투자신탁 지수에 연동하는 '부동산 ETF', 금 또는 천연자원 등의 가격이나 지수에 연동하는 '상품(원자재) ETF' 등이 있다. 이들 ETF를 사두면 채권이나 부동산, 금 등을 직접 사지 않아도 가격 상승에 맞춰 자산을 늘릴 수 있다.

여유 자금 100만 엔 미만의 1단계에서는 '글로벌 주식+미국 주식+주식형 ETF' 등을 조합한 분산투자가 좋다. 하지만 그 후 자산이 늘어나는 2단계부터는 주식 투자 외 자산 운용도 염두에 두어야 한다.

주식 투자 외 운용을 어느 정도 비율로 반영할지는 자산 크기나 위험 감내력 등 각자의 사정을 고려해 스스로 판단한다. 자산 규모가 커지면 커질수록 주식 외 다른 운용에 관심을 가져야한다는 게 대원칙이다.

구체적인 지표를 제시해보자면, 2단계에서는 여유 자금의 5%, 3단계에서는 여유 자금의 10%라는 틀에서 생각해보기 바란다. 실제로 신흥 부유층에게는 여유 자금의 5~10%는 ETF 등 개별주 이외 운용에 활용하라고 조언하고 있다.

에필로그

공적연금 수급 개시 연령이 단계적으로 상향 조정되면서, 수급
자들이 처한 상황은 앞으로 더 어려워질 가능성이 크다.

일본의 경우 저출산·고령화는 멈출 기미가 없는 데다 세계 최
고의 고령화율을 기록하고 있다. 물론 장수 인구가 늘어나는 건
좋은 일이지만, 2050년에는 생산연령인구(15~64세)가 현재의 3분
의 2로 줄어든다는 전망도 있다(일본 경제산업성 '미래인재회의' 추산).

연금 제도가 파산하는 일이야 없겠지만, 앞으로 납세자는 줄
고 연금 생활자는 늘어날 것이다. 그렇게 되면 국가에만 의존해서
는 살 수 없다는 사실이 짐작이 가고도 남는다.

2020년 '크리스퍼 캐스나인'이라는 게놈 편집 기술이 노벨 화
학상을 받았다. '유전자 조작의 혁명'이라 불리는 이 기술을 이
용하면 상당히 높은 정밀도로 유전자를 조작할 수 있는데, 덕분
에 앞으로 인류의 평균 수명은 더욱 연장될 것으로 보인다.

연금 수급 개시 시기는 더 늦춰지고 동시에 인간의 수명도 더
늘어난다. 즉 노후에 필요한 자금은 개인이 주도적으로 준비해
야 한다는 뜻이다.

일해서 번 돈 가운데 여윳돈은 주식 투자 등으로 운용하며 중장기적으로 늘려가야 한다. 무엇보다 '시간'을 내 편으로 만들고 '복리'의 힘을 최대한 활용하며 자산을 운용하면 효율적이다.

이 책에서도 언급했듯이 이론물리학자이자 천재로 불렸던 알베르트 아인슈타인은 "복리는 인류 최대의 발명이다. 아는 사람은 복리로 돈을 벌고, 모르는 사람은 이자를 낸다"라는 명언을 남겼다고 한다.

복리의 힘을 최대한 활용해 효율적으로 자산을 운용하는 최적의 해법 중 하나를 소개한 것이 바로 이 책이다. 내가 부유층에게 실제 추천하고 있는 자산 운용 기술이며, 미국 일변도의 투자가 한풀 꺾인 지금 **전 세계 부자들이 앞다퉈 전환하고 있는 국제분산투자 방법**이기도 하다.

과거 하시모토 류타로 일본 총리는 1996년 2차 내각 시절 '일본판 금융 빅뱅' 실현을 위해 '저축에서 투자로'를 외치며 개인 자산 이동을 유도했다. 그러나 미국 등 여타 국가와 달리 학교에서 투자에 대해 배울 기회가 없던 일본에서는 그때나 지금이나 사실 '주식 투자=도박'이라는 인식이 여전히 뿌리 깊다. 그래서 그로부터 27년이 지난 지금의 기시다 후미오 정권 역시 똑같이 '저축에서 투자로'를 외치고 있다.

일본에서 저축에서 투자로 이동하는 속도가 더딘 이유는, 원금이 보장되지 않는 자산 운용은 위험하다는 부정적 인식도 인식이지만, 가장 근본적으로는 일본 사회에 자산 운용에 대한 '판단 기준'이 없기 때문이 아닐까 싶다.

이 책에서 소개한 '자산 형성 피라미드®'는 자산 운용의 판단 기준이 되는 큰 틀 같은 개념이다. '보수적 투자', '적극적 투자', '매우 적극적 투자'로 이루어진 투자법을 각각의 여유 자금에 맞춰 꼭 실천해보길 바란다.

개별 운용 상품과 서비스, 그리고 시장 환경은 수시로 변하지만, 이 책에 제시한 판단 기준은 오래도록 사용할 수 있다. 이것을 익히고 실천한다면 많은 개인투자자가 복리의 기쁨을 누릴 수 있으리라 확신한다.

마지막으로 이 책을 통해 한 사람이라도 많은 개인투자자가 각자의 행복을 실현할 수 있기를 진심으로 바라는 바이다.

2022년 11월

시무라 노부히코